60歳からヘタれない生き方

人は裸で生まれ、裸で死んでいく

有馬頼底

GENTOSHA

はじめに

本来無一物《ほんらいむいちもつ》――。

禅の心をこれほど明快に表現したことばは、ほかにありませんな。からりとして、何もない。まったくの、空《くう》。もともと私たちは、そういうものとして生まれてきたはずなんです。あの世に旅立つときも、何ひとつ持ってはいけない。まさに、裸で生まれて、裸で死んでいく存在。それさえしっかり胸に刻んでおけば、何があっても恐れることはありはしません。

不安の時代だといわれます。これまでよしとされていた価値や常識が揺らいでいる。だからこそ、私たちは自分自身に立ち返る必要があります。本来無一物として生まれた自分へ。そこには、無限の大空が広がっている。空っぽだからこそ、思いのままのすべてを入れられる。何を入れるかは、あなた自身が決めればよい。まさに、無尽蔵《むじんぞう》ですな。疲れたら、立ち止まってもいいんです。でも、歩みを止めてはいけません。この本が、あなたの背中を押す一助となることを願っています。

60歳からヘタれない生き方　もくじ

第2章 主人公として生きれば幸せになれる

第3章 煩悩を捨てる勇気を持てば楽になれる

第4章

一日一日を丁寧に暮らす生き方

装幀　石間淳
装画　正一
DTP　美創
編集協力　㈱岩下賢作事務所・大湊一昭

第1章

行動することで逆境を乗り越える

○向き合い方を変えればつらい状況も楽になる

臨機応変といいますか、心の機敏さといいますか、そうしたものがいまの日本人には欠けているような気がして仕方ありません。

まじめといってしまえばそれまでですが、そのせいで、すぐにものごとに行き詰まってしまう。それによって、自分で自分を袋小路に追い込んでいく。そこで機転を利かせたり、進む方向を変えたりして、状況を打開する力が弱まっているように思えます。

私は、そうした力を「転じる力」と呼んでいます。

逆境や苦境を脱して、ものごとをよい方向や新たな展開に導いていくには、くるりと転じる力が必要です。

転じるとは、執着《しゅうじゃく》を離れることにもつながります。こだわりやとらわれによって、身動きがとれないような凝り固まった状況をサッと抜けていく。これが人生においては非常に重要ですな。やはり、いつまでも執着していたらダメなんです。そこからパッと転じていかなくてはいけない。

そのためには、発想の転換というか、頭の切り替えが必要です。自分がどんなに努力したり、がんばったりしても、変えられない状況とか、避けられない事態というものが現実にはあります。そんなときには、それに対する向き合い方やつきあい方を変えるしかない。それだけで、ずいぶん楽になれる。ようは、心の持ち方ひとつなんです。

お釈迦さまから数えて二二代目の祖にあたるインドのマヌラ尊者という方のことばに、「心は万境《ばんきょう》に随《したが》って転ずる。転ずる処《ところ》じつに能《よ》く幽なり」というものがあります。

私は、このことばが大好きですが、心というものは本来、自由なもので、目の前の状況によってコロコロと転じていく。そして、転じていったその場、その場で、実に奥深いものがあるということです。心が本来持っている転じる力を、いまこそ生き生きと働かせたいものです。

頭を切り替える。
転じる力があれば、
苦しい状況を
打開できる。

心は本来、自由で、
転じる力を持っている。
それを活《い》かすことで、
ものごとをよい方向に。

◯両親の離婚で訪れた逆境。天皇陛下の学友から寺の小僧へ

逆境を転じることで、道が開ける。

思えば私も、さまざまな逆境を転じることができたからこそ、いまがあるのだと思います。私ごとで恐縮ですが、私に訪れた最初の逆境について、少しお話しさせていただくことにしましょう。

あえてわかりやすい表現を使えば、私はいわゆる「ええとこのボンボン」でした。いまのことばでいえば、「セレブ」ですな。

先祖は旧久留米藩主有馬家で、私の父はその分家筋にあたる男爵。母の実家は徳川家康の生みの親につらなる子爵の家でした。私は三人兄弟の次男として生まれました。

やがて私は、学習院のなかにあった華族幼稚園に通いましたが、そこで思いがけず、当時皇太子さまでいらっしゃった天皇陛下の遊び相手の一人に選ばれました。

陛下は学習院の初等科に入学すると決まっていて、そのときに誰も仲間がいないと寂《さみ》しかろう、事前に遊び仲間を作っておこうということで選ばれたようです。

陛下は大人しい性格で、皇宮警察の方に連れられて、皇居のなかにある砂場に恥ずかしそうに三輪車に乗ってやってくる。そこで砂場に引きずり込んで、相撲をとったりして遊んだものです。陛下を投げ飛ばすと、お口のなかに砂が入って、それを吐き出したりしていました。

それはさておき、学習院初等科二年、七歳のときに両親が離婚しました。それが、私にとって大きな転機となりました。

私たち兄弟は母の実家に移りましたが、そこで親身になって教育してくれた伯父が、あるとき、「おまえは何になりたいのか？」と聞いてきました。ちょうど講談社から出ていた『一休さん』の絵本を読んでいたこともあり、私はつい、「一休さんのような人になりたい」と答えてしまいました。それが、こうしていま僧侶をしているそもそもの始まりです。

最初は有馬家の菩提《ぼだい》寺である久留米の梅林寺に預けられる予定でしたが、そこにはすでに小僧が五、六人いて、すぐには受け入れられないということで、大分県日田市にある岳林寺というところに行かされることになりました。

そこで小僧としての修行が始まったのですが、住職の森下大拙《だいせつ》師匠は梅林寺での厳しい修行を終えられたばかりで、まだ三〇歳そこそこ。私を預かった以上は一人前の僧侶に育てないといけないと思ったのでしょうが、とにかく厳しく仕込まれました。

「掃除をせぇ」といわれ、掃除の仕方が悪いと、濡《ぬ》れ雑巾《ぞうきん》でバチッと叩《たた》かれる。それが、痛いのなんの。

境内をほうきで掃けば、掃き方がいかんと、今度はほうきでぶたれる。それもほうきの先のほうではなく、柄《え》のほうでです。もう、痛さでクラクラになる。また、寺には私のほかに二人の兄弟弟子がいましたが、私はその兄弟弟子の炊事や洗濯まですべてやっていました。

朝など、弟弟子に食事をさせて学校に送り出した後、それから一人で食事をし、後片づけを済ませてから学校へ行く。走れば五分の距離ですが、すでに一時間目は始まっている。少し遅くなった日は、もう終わっている。そんな繰り返しが不動心を育みました。

九州の寺に預けられ、
小僧としてすごした
少年期。
厳しい状況が
不動心を育む。

「一休さんのような人に
なりたい」とのひとことで、
学習院初等科から九州・
日田のお寺の小僧に。

どんなにいじめられても人格だけは傷つかない

寺にいればいたで、師匠に厳しく仕込まれる。学校に行けば行ったで、今度はいじめられる。子どもというのは残酷なもので、自分たちとちょっと違うというだけでいじめの対象になる。

私は寺に来た当初、それまで通っていた学習院の制服を着て、桜の徽章《きしょう》がついた帽子をかぶり、赤い線が入った尾錠靴《びじょうぐつ》（バックルのついた靴）を履いて地元の小学校に通いました。それしか、着るものがなかったからです。でも、それだけで彼らには気に入らない。生意気だ、やっつけてやれ、となる。ことあるごとに殴られたり、蹴られたりの日々でした。

最初のうちは、ただ黙って耐えているだけでしたが、やがてそれが逆効果だと気づきました。こちらが無抵抗だとわかると、いじめるほうは、さらにかさにかかっていじめてくる。

そこで私は、殴り返さないまでも、毅然《きぜん》とした態度に出ることにしました。いじめる相手に向かって、まっすぐ顔をあげ、正面から見据えるようにした。やるならやれよ、どうってことないぞ……、そんな感じですな。

すると不思議なもので、相手はそれ以上、いじめてこなくなる。まず最初に、それまで先頭に立って私をいじめていたガキ大将が、私の毅然とした態度を見て変わった。ときどき下っ端の子どもが私をいじめようとすると、「おまえ、なんばしちょるとか」といって、今度は逆に私をかばってくれるようになった。ガキ大将がそうなると、以下ならえ、です。それで、いじめはなくなりました。

実は、私がそうした毅然とした態度に出ることができたのは、大拙和尚のことばのおかげでもありました。

師匠は、私が学校でいじめられていることを知っていました。あるとき、私がムチャクチャにやられて帰ってくると、「やられたのか。でもいいか、どんなに殴られても、殴り返してはいけない。殴られようが、蹴られようが、そんなことで、おまえさんの人格は決して傷つきはせん」、そういってくれました。

そのひとことで、子ども心にもずいぶん勇気づけられました。殴られてもいい、蹴られてもいい、その程度の痛みは、ちょっと辛抱していれば、すぐ収まる。それよりも大事なことは、その人間の人格だということです。

それは、殴られたり、蹴られたりすることでは、決して傷つくものではない。そんなことで、その人間の尊厳はいささかも汚されることはないと教えてくれたのです。

そうしたこともあって、私は日田という土地で、少しはたくましくなれたのだと思います。それまでは、本当にひ弱な子どもでした。学習院初等科に通っていたころの学生手帳をいまも持っていますが、それを見ると、風邪だ、湿疹だと、しょっちゅう欠席している。「体操の時間は休ませてください」と、母親の字で書いてある。いわゆる虚弱体質というやつです。それが、九州の寺に来て、裸足《はだし》で裏山に薪《まき》を拾いに行ったり、畑仕事をしたりしているうちに、すっかり体も丈夫になったという次第です。

いじめられても
汚されることのない
尊厳。
毅然とした
態度でいなさい。

「おまえさんの人格は
決して傷つきはせん」。
師匠のひとことで、
つらい状況を転じた。

学歴は逆境ではない。いつでも勉強はできる

自分ではちっとも逆境だとは思わないのですが、人によってはそれを逆境だと思う方もいるでしょう。

何のことかといえば、いわゆる学歴です。卒業した大学が有名どころではなかったので私は出世できなかった、給料も人より少なかったと愚痴をいう方がいますが、あながち学校のせいだけとは思えません。

本当に優れた人は、誰も学歴など問題にしません。学歴をありがたがる世の中にも問題がありますな。そうした風潮が、昨今マスコミを賑わす学歴詐称を生む温床になっているともいえます。

学歴ということでいえば、私は正真正銘、小学校（正確には国民学校）卒業で

す。大学はもとより、高校にも行っていません。中学は、旧制中学の一年だけ。そこでちょうど新制中学に切り替わったのですが、そのとき師匠である森下大拙和尚が、「新制中学のようなところには行かんでよか」といったのです。でも、私にとってはありがたいことでした。学校嫌いだったので、そういわれて、むしろうれしかったほどです。

勉強は学校でするものと思っている人がいるかもしれませんが、そんなことはありまへん。忙しくて勉強ができないという人もいますが、それもいいわけです。それは、「できない」のではなく、「しない」だけ。勉強なんて、しようと思えば、どこでも、いつでもできるもんなんです。

私は大拙和尚のもとで、お経や仏事のしきたりといった寺で必要となる基本的なことを学びました。その師匠が、私が一五歳のころに再び修行に出ることになり、新しい師匠がやってきました。

いわゆる学者肌の人で、その師匠から、『臨済録《りんざいろく》』『碧巌録《へきがんろく》』『無門関《むもんかん》』といった禅宗の言行録や公案集をきっちり教えていただきました。『観音経《かんのんぎょう》』や『金剛経《こんごうきょう》』のような経典も、返り点をうちながら読み下すことまで学びました。学校には行きませんでしたが、勉強しようという意欲は人一倍強かったと思います。

そのころ、文学作品を読む楽しみにも目覚めました。新しい師匠が持ってきた『世界文学全集』を内緒で一冊ずつ抜き出しては、夜中に読みふけりました。寺の夜は早々に電気が消されてしまいますが、仏壇で使った後のチビたろうそくを持ってきて押し入れのなかで灯し、その明かりで読む。その全集をほとんど読み終えるころには、押し入れのなかはろうそくのススで真っ黒でした。エドガー・アラン・ポーの『赤死病《せきしびょう》の仮面』とか、アンリ・バルビュスの『地獄』なんていう本には、本当に興奮したものです。

学校でなくても
勉強はできる。
できないのはしないだけ。

私は小学校しか
卒業していませんが、
学ぶ意欲は人一倍
強いものがあります。

◯理不尽なことには立ち向かう。その勇気が状況を好転させる

逆境といえば、一九八二年に京都市との間に起きた古都税（古都保存協力税）の問題もそうかもしれません。古都税とは、年間の拝観者数が二万人以上の寺社から、大人一人につき五〇円、子ども三〇円を徴収するというものでした。税制上、寺社からは直接、税金がとれないので、代わりに拝観者からいただこうという魂胆です。この構想を掲げたのは、当時の京都市長でした。京都市はこの法案を議会で可決、一九八五年に実施に踏み切りました。

その対抗手段として、私は寺社の閉門を主張し、京都仏教会に所属する金閣寺、銀閣寺、清水寺など、京都を代表する寺院がいっせいに門を閉じました。この問題は当時、マスコミでも大きく取り上げられ、世間からもずいぶん非難を浴びま

した。観光客が減り、寺社の門前のお土産屋さんや飲食店なども、相当のダメージをこうむりました。

あるとき、右翼が寺に乗り込んできました。「貴様、古都税問題でいろいろ反対してるそうだな。税金を払わんと、女房、子どもがどうなっても知らんぞっ！」と、力みかえっている。「悪いなぁ、わし独りもんや」というと、向こうは拍子抜けする。それでもしつこく税金を払えというから、「あのな、古都税というのはお寺が払うんじゃなくて、拝観に来られた方々が払うことになっている。困るのは、庶民の懐なんや。庶民からそんな金をとろうなんて、あんた、どう思う？」と逆に聞き返すと、相手はことばに詰まってしまう。最後にダメ押しで、「あのな、わし、皇太子さまと幼友だちなんやけど」というと、途端に態度が変わり、「失礼しました」といって帰っていきました。

えげつないのは、役人ですな。昔から私を知っている元大蔵省出身の人がやってきて、「閉門すれば拝観収入がなくなる。そうなれば、銀行も寺には融資しない。そうなったら大変だから、いますぐ閉門をやめなさい」という。私はいってやりました。「わしが銀行の金をアテにしているとでも思っているのですか。そんなことは関係ありません。私らには、托鉢《たくはつ》（僧が鉢を持って市中を歩き、食物や金銭を受けて回ること）があります。困ったら、乞食《こつじき》でもして食っていきますわ」というと、あきれて退散していきました。

結局、古都税は施行から三年後に廃止されましたが、私は閉門中の逆境を、逆にチャンスととらえました。金閣は一九五〇年に放火で焼失した後、五年後に再建されましたが、その後三〇年を経過して、下塗りの漆が劣化し、金箔《きんぱく》も剝落していました。それがずっと気がかりだったのですが、閉門中に半年かけて金箔を全面、はり替えることができました。古都税問題という逆境にあって、金閣を復元できたのも、転じる力のおかげのような気がします。

逆境は人を鍛える。
転じる力があれば
乗り越えられる。

拝観者からの税金徴収に
反対した古都税問題。
右翼も来れば、元役人も
来るなかで理を通す。

知恵を絞って長嶋茂雄さんを招く

逆境にあるときこそ、それを転じていこうと必死に動いたり、考えたりすることで、かえっていいアイディアが生まれてくるものです。そんな例をひとつ紹介しましょう。

相国寺《しょうこくじ》の塔頭《たっちゅう》のひとつに、慈雲院というところがあります。ここは、親が事故死した、蒸発した、虐待するなど、さまざまな事情で親元では生活できない子どもたちのための児童養護施設を運営しています。私は、そこの後援会の会長をやらせてもらっています。児童養護施設というのは、だいたいどこでも一八歳になると出ていかなくてはならない。子どもたちのなかには逆境にめげず、一生懸命勉強して、大学に合格する子どももいます。

ところが、せっかく合格しても、入学金や授業料が払えないという問題が起きます。そういうときのために、後援会が進学に必要な費用を援助します。大学進学だけでなく、普段でもクリスマスや正月になると、一般の家庭と同じようにお菓子やお小遣いをあげたりもします。一回、一回はたいしたことではないのですが、チリも積もれば何とやらで、結構な資金が必要となります。

私が会長になったとき、その後援会のメンバーは三〇人ぐらいしかいませんでした。これにはまいりました。その程度の人数では焼け石に水で、五〇人ほどいる子どもたちを支えてやるのが難しい。何とか後援会のメンバーを増やさなあかんということで考えました。

いま、世の中で人気のある人は誰だろうか。その人を呼んできたら、後援会に入ってくれる人が増えるのではないか。そこで思い浮かんだのが、読売ジャイアンツの監督もした長嶋茂雄さんです。長嶋さんが病気で倒れる前のことでした。さっそく後援会の副会長にお願いして、頼みに行ってもらいました。

忙しい人ですから、来てくれるかどうか不安だったのですが、京都での用事の前後の時間をやりくりして、本当に来てくださったのです。子どもたちは、大喜び。一緒に写真を撮り、グローブとか、バットとか、ボールをどんと寄付してくれました。子どもたちは長嶋さんと撮った写真をカードにして、学校に持っていく。するとみんなにうらやましがられて、いいカッコができる。

それによって何が起こったか？　それまで三〇人だった後援会が、いっぺんに一〇〇人を超えたのです。子どもたちのために後援会を何とかしなければならないという逆境だったからこそ、長嶋さんを呼ぶアイディアが生まれたのだと思います。

逆境のときこそ、
いいアイディアが浮かぶ。
それも、転じる力。

当代一の人気者、
長嶋茂雄さんに
来てもらって、
施設の子どもたちのために
後援会員を増やす。

○障がいがある人も、ない人も仏の前では平等

私は三重県にある知的障がい者施設の理事長もやっております。そこに入所や通所している子どもたちを見ていると、こちらが教えられることがたくさんあります。知的障がいと聞けば、一般にはひどい逆境にいると思うでしょうが、そういう子どもたちのほうが心が純粋で、きれいですな。

その施設には、ちょっと小高いところに開墾した土地があって、そこでイモを作ったり、トウモロコシを作ったりしています。その作業を子どもたちがやる。もちろん、普通の子どもたちがやるようにはテキパキできません。まあ、先生の見よう見まねで、畑仕事のまねごとのようなものです。

あるとき、こんなことがありました。作業の途中で、引率の先生が電話をかけ

る用事を急に思い出したので、子どもたちに、「ちゃんとやっておいてね」といい残して事務所に戻った。ところが長電話をしているうちに日が暮れてしまい、子どもたちを畑に残してきたことをすっかり忘れてしまった。アッと思い出して、あわてて畑に戻ったら、真っ暗闇のなかで、子どもたちが懸命に作業を続けている。先生のいったことに対して、疑うことを知らない。ほんまに純粋です。

知的障がいということに関しては、少しずつですが、親の認識、とくに母親の認識が変わってきました。昔だったら、すぐに施設に入れることが多かったのですが、いまは家にいても、ちっとも恥ずかしいことではない。お母さんが手を引いて、スーパーマーケットでも、公共施設でも、どこでも連れていく。そういう時代になってきました。いいことですな。

私が催す茶会に、ときどき知的障がいの子どもを連れたお母さんが来る。すると、一緒にいる客のなかには、それを忌み嫌う人もいます。そういう人に、私はいいます。「あの子にしたって、同じ一人の人間。お茶席というのは、身分や立場、しがらみや事情をすべて脱ぎ捨てて、みんなが平等の関係になれる場所。だから一緒にお茶席に入ってもいいの」、と。そんなお母さんがいると、私自身も、「あんたは偉いな。どこでも連れていきなさいよ。それが子どもにとってもいいことや」と、ひとこと声をかけます。

結局、障がいというのも、その人自身の問題というより、社会の目が作り出している側面が多分にある。同じ一人の人間という観点に立てば、障がいがある、ない、なんて関係ないんです。

千利休《せんのりきゅう》が茶の湯の根本精神を要約したことばとして大切にしたのが「和敬清寂《わけいせいじゃく》」です。この「和」が何を表わしているかというと、同じ仏性《ぶっしょう》を持つもの同士として、お互いを認め合い、一体になることのすばらしさです。つまり、人は仏の前で平等だということ。そんな目を持って、みなさんも障がいを持つ方々に接してほしいものです。

障がいを作り出すのは
社会の目かもしれない。
仏の前ではみんな同じ。

障がい者に対する
社会の見方が変わってきた。
千利休が大切にした
「和敬清寂」を
ヒントに考える。

好事も無きに如《し》かず。順調なときほど気をつけなさい

逆境は自分を鍛え、磨いてくれる好機ですが、それは裏を返せば、順調なとき、調子がよいときほど、気をつけなくてはいけないということです。順境は、あっという間に逆境に変わります。そのことに気づかず、いい気になっていると、往々にして足元をすくわれたり、大ケガをすることがあります。「好事魔多し」とは、よういったもんです。

禅には、「好事も無きに如かず」ということばがあります。「どんなによいこと(好事)でも、ないにこしたことはない」という意味です。「いいことなら、あるにこしたことはない」と、普通なら考えますが、「いいことは、ないほうがいい」とは、いったいどういうことかと、いぶかしく思いますわな。

禅では、ものごとにとらわれ、それに執着してしまうことを何よりも嫌います。それが心の自由を奪うからです。好事は、その執着心を強くさせる。すると、ほかのことが目に入らなくなって、正しい判断や行動ができなくなる。それならばいっそ、いいことなんかはじめからないほうがよいのだというのが、このことばのいわんとするところです。

宝くじで何億も当てた人が、その後、人生を狂わせてしまうという話を聞いたことがあるでしょう。宝くじが当たるのは好事以外の何ものでもないと思いがちですが、そのせいでかえって強欲になったり、自分に近づいてくる周囲の人間に疑いの目を向けたり、はたまた家族や親戚とトラブルになったりしたら、これほどの悪事はありません。結果的に、宝くじなんか当たらなければよかったと思うことでしょう。好事こそ落とし穴だと思い、仮にそれがあったとしても、一瞬だけ喜んで、あとはさっさと忘れることです。

順境は逆境に変わる。
好事に執着していると、
判断や行動を誤る。

調子に乗っていると
大ケガをすることがある。
好事こそ落とし穴だと思い、
さっさと忘れること。

定年はゴールではない。ここからが人生の勝負

サラリーマンや役所勤めの方で、定年退職を迎えた途端、ガックリきて、一気に老け込む人がおりますな。あれは、どうしたもんでしょう。まるで、自分にはもはや人間としての価値がないとでも思っているのでしょうか。

長く会社などに勤めてきた方は、それまで会社とタコ糸でつながっているようなもので、退職によってそれが切れてしまえば、どこへ飛ばされていくのか不安になる気持ちもわかります。しかし、それもまた新たに転じるための好機です。

そこでガックリきてしまうのは、定年をゴールだと思っているからかもしれません。でも、マラソンでいえば、そこは折り返し地点にすぎません。どんな人生のレースにするか、そこからが本当の勝負です。

僧侶には定年がありませんが、なんでかというと、歳《とし》をとればとったなりに、クタクタになろうが、ヨレヨレになろうが、それはそれで値打ちがあるからです。「いや〜、ありがたい和尚さんが来てくれた」と、みなさんが拝んでくれる。だから、べつに六〇歳になったから、七〇歳になったからといって価値がなくなるわけではありません。七〇歳なら七〇歳なりの価値があるし、八〇歳には八〇歳なりの価値があります。

中国・唐の時代に活躍した禅僧で、趙州《じょうしゅう》禅師という方がいます。この人は、中国の禅僧のなかでも最高峰の一人とされていますが、三〇年にわたって師事した南泉普願《なんせんふがん》禅師が遷化《せんげ》したときに五七歳でした。師匠の三回忌を終え、六〇歳になったときに、再び諸国行脚《あんぎゃ》の旅に出たのです。当時の六〇歳ですから、いまの六〇歳とは比べものにならないほど高齢だったでしょう。

すでに、その名前が天下に鳴り響いていましたから、いまさら厳しい修行を自らに課す必要もない。しかし、趙州禅師は安楽な道を選ぶことはしなかった。そこでもう一度、自分をリセットして、修行に励もうと思ったのです。諸国行脚に旅立つさい、「たとえ七歳の童子でも、私より優れたものがいれば、その子どもに教えを乞おう。たとえ一〇〇歳の老翁でも、私より劣るものには教えを説こう」ということばを残しています。

その後、趙州禅師は二〇年にわたって諸国行脚を続け、亡くなったときは一二〇歳だったといいます。六〇歳や六五歳で定年退職したからといって、ヘタれている場合ではありません。

人は何歳になろうが、
年齢なりの価値がある。
定年でヘタれている
場合ではない。

定年は新たな人生に
転じるためのチャンス。
六〇歳で諸国再行脚の
旅に出た趙州禅師。

○転じる力が強い女性。体を動かして若さを保つ

歳をとってヘタれてしまうのは、どちらかといえば男性のほうが多いですな。その点、女性は元気です。私は特別養護老人ホームなどを運営する社会福祉法人の理事長をやらせてもらっていますが、一〇〇歳以上の女性の入所者のほうが、七〇歳とか、八〇歳の男性よりもハツラツとしています。

ホームの入所者で一〇四歳の女性がいますが、月に一度、私が訪ねていくと、行李《こうり》から一張羅《いっちょうら》の着物を取り出して着替え、お化粧までします。そういう身だしなみを見ていると、女性はいつまでたっても女性性を失わないのだと感心します。今日はこういう日だから、こうしようと、機に応じて自分を演出していく。これも、転じる力といえますな。

この間は、一〇一歳のおばあちゃんがホームの施設長に向かって、「なんぞ、仕事ありませんか?」といっている。ホームではタオルなどの洗濯ものがたくさん出るので、「おばあちゃん、これ畳んでや」と頼むと、「わかりました」といって、朝から晩まで洗濯ものを畳んでいる。それも、喜んでやっている。この年代の人は、体を動かすことが生きがいなんですね。何もしていないと、つまらない。だから仕事をさせてくれという。これには頭が下がりますね。

結局、それが自分を活かすのだということをよく知ってるんでしょうな。やっぱり人間の気持ちとしては、いつまでも人に頼りにされたい。それが生きがいであって、それができている限りは、自分はまだ歳をとっていない、社会のお荷物にはなっていないということだと思います。

長年連れ添った相方が亡くなった途端、ガクッときて、しおれてしまうのも男性に多い。もともと女性のほうが長生きですが、奥さんに先立たれた男性が、あとを追うように亡くなったという話をよく聞きます。一方、女性のほうは夫を亡くしても、そこから一〇年、二〇年と生きるケースがちっとも珍しくない。むしろ、ダンナさんが亡くなってさっぱりしたという女性もいるくらいです。

女優の佐久間良子さんとは友だちですが、一九八四年に離婚した平幹二朗さんが二〇一六年に亡くなったときに声をかけたら、「これですっきり、安心しました」といっていました。三〇年も前に離婚したということもあるかもしれませんが、未練などまったくないらしい。

それに比べて、男性のほうは、あきませんな。いつまでも奥さんの死を引きずって、未練たらしく、クヨクヨしている。確かに長年連れ添った伴侶を亡くすことはつらいものですが、別れもまた、転じるためのひとつの機会だと思って生きることが、元気で暮らすコツかもしれません。

伴侶を亡くすのも
転じるための機会。
男性よ、元気を出せ！

一〇〇歳を超えても
元気な女性。
伴侶の死を引きずる男性。

「余りの生」なんか、どこにもありはしません

気がついたら、いつの間にか八〇歳を超えていました。自分では全然、老いたつもりはありません。もちろん、体はそれなりに衰える。この前も大腸にポリープが見つかったというので、手術を受けました。

ひと昔前なら、手術の後など絶対安静だったのでしょうが、いまは違いますな。手術のあくる日から、動け、歩け、です。それで、病院内を極力、歩くようにしました。寝たきりにしていたら、かえってあかんようです。あっという間に筋肉が落ちて、立てなくなる。

おかげさまで、術後は良好。すっかり、これまでと変わらぬ生活に戻りました。夜の睡眠時間は、平均すると三時間ぐらいのもんです。だいたい朝の三時ごろに

は起きています。それで、雑誌社や新聞社から頼まれている連載を書く。それから揮毫《きごう》をせにゃあかん。いっぺんに一〇枚、二〇枚、この間は四〇枚も書きました。不思議なもんで、朝書くのと、夜書くのとでは、字が違ってくる。朝のほうが、いい字が書けます。朝のほうが仕事もはかどる。

そういう仕事を済ませてから、だいたい三〇分以上は坐禅《ざぜん》をします。坐禅は毎日のもので、癖になっているというとおかしなもんですが、やらないと、何か忘れものをしたような気になります。

それから、相国寺の一角にある自坊の庭などを掃除します。これも、用事で自坊を留守にするとき以外は、ほとんど毎日やっています。庭の掃除は、三日しなかったら、元に戻るまで三日以上かかります。毎日やっていると、一日で終わるんです。汚れたり、散らかったりしたら掃除をするという人がいますが、それだとかえって大変なんです。汚れる前、散らかる前に掃除する。そのほうが簡単に済んで、時間もとられません。みなさんも、やってみたほうがよろしい。

その後で境内にある承天閣《じょうてんかく》美術館まで歩いていきます、すたこら、すたこらと。帰るときも、やっぱりすたこら、すたこら。それが、適度な運動になっています。そこで打ち合わせやら、取材や来客の対応やらで、ほとんど一日、美術館内で仕事をしております。

私自身は八〇歳を超えたいまでも、余生を生きているなどと思ったことはありません。何歳になろうが生涯現役で、棺桶《かんおけ》に足を突っ込むまで働くしかないと思っています。

しかし、「余生」というのも、おかしなことばですな。「余りの生」なんか、どこにあるんやろって感じで。何歳になろうが、人は生きている限り、いつも現役のはずなんです。余生などということばは、いただいた命に対してあまりにも失礼なことです。

人は生きている限り、
何歳になろうが現役。
「余生」など、ない。

気がついたら、
いつの間にか八〇歳を
超えていました。
いまも早起き、坐禅、
掃除、仕事と
動き回っています。

自ら行動することで、状況を転じていく

転じるためには何が必要か？　自ら動くこと、とにかく行動を起こすことです。あれこれ考え過ぎたり、臆病になって滞ってしまってはダメなんです。

江戸時代には、「何もしないよりも博打《ばくち》でも打て」といわれたらしいのですが、これは何も博打を奨励したわけではありません。何もしなかったら、ただダラダラと時間がすぎていくだけです。おもしろくもなければ、得るものもない。

いやいや、その代わりに「犬も歩けば棒に当たる」（もちろん、本来の悪いほうの意味ですよ）というようなことがなくてよいではないかという人がいるかもしれませんが、じっとしていても災いが向こうから勝手にやってくることはありますわな。同じ当たるなら、博打でもやったら、本当に当たるかもしれない。だ

から、「何もしないよりも博打でも打て」なんです。

禅では、修行を行う専門道場での役割が半年ごとに変わります。修行といっても、坐禅をしたり、お経を読んだりすることだけが修行ではありません。掃除、畑仕事、調理なども修行に含まれます。それどころか、行住坐臥《ぎょうじゅうざが》、すなわち日常の行動のすべてが修行なのです。そのため専門道場では、それぞれの修行僧（雲《うん》水《すい》）に実にさまざまな役割があります。しかも、その役割を半年ごとにどんどん変える。それが、転じる力を養うことにつながる。

そうすることで、学校を出たばかりで、お米のとぎ方も知らなかった雲水が、三年もたてば精進《しょうじん》料理を作れるようになるし、自分たちが食べる野菜を育てることもできるようになる。庭仕事はもちろん、簡単な大工仕事もこなせる。「把《は》針灸治《しんきゅうじ》」といって、自分の着るものは自分で繕うし、自分たちで体の不調なところをお灸や指圧、マッサージで手当てもします。

どんな環境、境遇に置かれたとしても、自分で生きていくことができるようにするのが禅の専門道場での修行の根幹です。これは、修行僧に限った話ではありません。本来、人間にはそうした力が備わっています。とにかく行動すること、それによって状況を転じれば、また違った世界が見えてきます。

考え過ぎるな。
臆病になるな。
自ら動くことで、
状況や環境を
変えなさい。

禅の道場での行住坐臥は
行動力を培うもの。
自ら動き、転じていけば、
違う世界が開ける。

第2章

主人公として生きれば幸せになれる

「おーい、主人公。しっかりやってるか？」

よくいわれますな、「自分の人生のなかでは、自分が主人公だ」、と。当たり前だと笑うかもしれませんが、どうしてどうして、これが意外と難しいもんです。「自分の人生の主人公は自分だ」と自信を持っていえる人は、はたしてどれくらいいるでしょうか。

その主人公のところに、自分以外の誰かを据えて、それに執着したり、振り回されたりすることで、自分で自分を苦しめている、生きづらくしている人がずいぶん多いような気がします。

この主人公ということばは、もともと禅から出たものです。中国の唐代に瑞巌《ずいがん》禅師という人がいました。この人は普通の禅僧のように寺の堂内で坐禅をするのではなく、外に出て、石の上で坐禅をしていたことでも知られています。

坐禅をしながら、瑞巌禅師はいつも大きな声で自問自答していたそうです。

「おーい、主人公。しっかり目覚めているか？」

「はいっ」

「おーい、主人公。人にだまされていないか？」

「はいっ」

ここでの主人公とは、ドラマや物語の主人公ではなく、「本来の自分」ということです。つまり、瑞巌禅師は、「本来の自分でいられているか」「本来の自分を見失っていないか」と自らに問いかけ、自ら答えていたのです。

とかく、われわれは、自分の都合や目先の利害、その場の雰囲気や流れ、人間関係などで本来の自分を見失いがちです。瑞巌禅師のように、ときには自分に向かって問いかけてみてはどうでしょうか。

「おーい、主人公。しっかりやってるか？」

自分の人生の
主人公は自分。
本来の自分を
見失っていないか？

主人公とは本来の自分。
それを見失っていないか。
瑞巌禅師のように自分に
問いかけてみてください。

自由とは自らに由《よ》ること。主人公でないと自由になれない

私が後援会の会長をしている児童養護施設の集まりで、特別講師として柳生《やぎゅう》博《ひろし》さんに来ていただいたことがあります。人間が環境を壊さない限り、鳥というのはいくらでも生きていける。そうした話をうまく取り交ぜながら、施設のみなさんに話をしてくださいとお願いしたら、快く引き受けてくださいました。

柳生さんは、偉い方ですな。約三〇年前に八ヶ岳のふもとに荒れ放題だった土地を購入し、二〇一五年に残念ながら四七歳の若さで亡くなられた園芸家の息子さんと一緒に落葉樹を植え、人工林から自然の雑木林へと変えていきました。

私も何度か訪ねたことがありますが、その木がどーんと大きく育っている。ヘビに卵を食べられないよう、木の高いところに巣箱を作り、野鳥たちのために暮

らしやすい環境を作っています。

柳生さんは日本野鳥の会やコウノトリファンクラブの会長も長く務めていらっしゃいますが、「鳥は全部、自由なんです。人間も本来、自由でなくちゃいけませんね」とおっしゃる。

禅で、本来の自分であることの大切さを強調するのも、そこなんです。人間は本来、自由な存在です。その根本を見極めることができた人は、しがらみや束縛だらけのこの世に生きていても自由自在であって、何ものにも惑わされたり、かき乱されたりしないもんなんです。

みなさんは自由というと、自分がやりたいことを何でもできるとか、ほしいものを何でも手に入れられることだと思っているかもしれませんが、禅でいうところの自由は違います。文字通り、自らに由ること、つまり自分以外の何ものにも頼らずに、自分自身の足で立つことです。あるいは、本来の自分のままであることです。外的な束縛や強制を受けないし、何かに執着するわけでもない、それが自由なんです。

ことばを換えれば、それが主人公として生きるということです。だから、主人公にならんと、本当の自由にはなれんのですわ。

私も、鳥のように自由でいたいと思います。渡り鳥のように、どこへでも飛んでいきたい。それもできれば、一人がいい。

私は、いわゆるスケジュール管理なども自分でやっています。人任せにすると、齟齬《そご》をきたすこともある。だから自分で自分の行動を決めて、自分でできることは全部、自分でする。そこは譲れないところです。行きたいところへ出かけて、そこで倒れたら、そのまんま。どこで死のうが、かまわんのです。

人間は本来、
自由な存在。
渡り鳥のように
自由に生きていきたい。

自分以外のものに頼らず、
自分自身の足で立つこと。
束縛も強制も受けず、
執着もしない、それが自由。

それがどこの国であろうと、対話を閉ざしてはいけない

私は自由にどこへでも行きますが、この前は残念なことをしました。九月（二〇一七年）に北朝鮮に行く予定だったのですが、例のミサイルやら、核実験やらの問題で、さすがに取り止《や》めになりました。仕方ありませんな。

これまで北朝鮮へは、三回、行きました。最初のきっかけは、『高麗版一切経《こうらいはんいっさいきょう》』でした。『一切経』とは、お釈迦さまの教説にかかわる仏教経典を総集したもので、『大蔵経《だいぞうきょう》』とも呼ばれています。

中国で盛んに写本や印刷本が作られましたが、朝鮮半島でも高麗の時代に木版印刷で作りました。それが『高麗版一切経』で、室町幕府第四代将軍の足利義持公のときに日本に伝えられました。およそ六〇〇年前のできごとですが、そのお

礼をいわんといかんと思って北朝鮮に行ったのが最初です。『高麗版一切経』の版元は、ピョンヤン郊外にある妙香山普賢《ふげん》寺というところです。行ってみて、びっくりしました。四五〇〇巻の版木が、キチンと整理されている。虫にも食われていなければ、カビも生えていない。それを見て、この国は文化を大切にしている国だなと感心しました。

普賢寺に行ってみると、そこで印刷された『高麗版一切経』は、京都の東福寺、建仁寺、そして私が住職を務める相国寺に贈られたと書かれてある。相国寺に伝えられたものは、江戸時代初期にいったん流出したのですが、徳川家光の乳母である春日局《かすがのつぼね》の援助で買い戻されました。

「日本でも『高麗版一切経』をきちんと守っていますよ」といったら、向こうの人も大変喜んでくれました。

北朝鮮といえば、ケソン郊外の霊通寺にもおじゃましました。ここは日本の大正大学が一九九七年に発掘調査したことをきっかけによみがえった寺です。発掘によって遺跡が出たものの、はたして社会主義国で仏教の寺が再興するかどうか疑問に思っていたのですが、当時の将軍だった金正日の命令もあり、みごとに復元されました。

いま、奈良の東大寺クラスのごっつい寺ができています。二〇〇六年に落慶法要があり、本来、宗派からいっても私の任ではないのですが、その導師を仰せつかったので、大役を果たしてまいりました。

文化の伝播《でんぱ》という観点で見ると、政治状況とか、政治体制を超えたものが見えてきます。私たち日本人は普通、西側が発信したニュースしか見ていません。向こうのニュースは、ほとんど入ってこない。入ってきたとしても、ミサイルを飛ばした、核実験をした、そんなのばかりです。文化を守るためにどれだけのことをしているのか、そういったものはまず入ってきません。

北朝鮮といえども、トップはいざ知らず、いい人が多いんです。だからこそ対話が必要なのであって、どこかの首相のように、はじめから目くじら立てて、敵がい心をあおるだけではダメなんです。そのためには、まず現地へ行って、現地の人と会って、そこで話をする。それが大事です。

一方的なニュースや
政治体制だけで
判断するのは誤り。

北朝鮮に行ってわかった
仏教文化を
大切に守る姿勢。
目くじら立てて、
敵がい心を
あおるだけではダメ。

◯本物の実感を得るために現地、現場に足を運ぶ

非友好国だろうが、紛争地だろうが、とにかく私は行きたいところへ行く。まだ内戦が続いているときでしたが、カンボジアにも行き、お寺をひとつずつ訪ね歩きました。

カンボジア仏教界のトップのテップボーン大僧正《だいそうじょう》にお会いできたので、「いま、カンボジアでは何が必要ですか」とおたずねしたら、「教育だ」とおっしゃられる。大僧正いわく、「結局、植民地時代の癖が治らない。自分たちの力で自分たちの国を建て直すんだという民族自決の精神がない。それは、ひとつには教育のせい。だから学校がほしい」、と。

そううかがったので、京都仏教会が中心となって、現地に学校をひとつ建設さ

せていただきました。学校といっても、日本などと違って、作るのにそんなにお金がかからない。でも、そのお金が一〇倍、二〇倍の効果を生む。

そのときに、日本語教室をひとつ作ってくださいとお願いしました。そこで日本語を学んだカンボジアの人たちを日本に呼んで、いろいろな技術を学んで国に帰ってもらえたらいいんじゃないかと思って提案しました。

ところが、少し失敗だったかなと思うのは、せっかく日本で技術を学んで国に帰っても、それを活かすところがない。結局、現地に進出している日本企業に就職するしかない。

カンボジアでは、カンボジア内戦を描いて話題となった『キリング・フィールド』という映画の舞台となったところへも行きました。最初は「キリンビール」と聞こえたので、「キリンはこんなところにまで進出しているのか」と驚いたのですが、よく聞くと、キリング・フィールドでした。

そこを歩くと、ザクッ、ザクッと音がする。何だと思いますか？　骨が砕ける音なんです。話を聞くと、何千体という遺体が埋まっているそうです。かたわらに、しゃれこうべなんかも積み上げてある。そういうのを見ても、戦争というのはやっぱりよくないこと、絶対あってはならないことだと強く思いますな。

そういうリアルな実感を持てるのも、実際に現地に足を運んだからできることです。権力者や大企業に都合のいいように加工されたニュースを見るだけだったり、スマートフォンに届く仲間内の情報を読んでいるだけでは、こうはならない。「へぇー、そうなんだ」で終わりです。それでは単に知識を詰め込むだけで、本当の実感にはなりません。

最近、日本がどんどんキナ臭くなってきたのも、現地や現場を知らない政治家が増えてきたからではないでしょうか。だから、武器輸出三原則を変えたり、憲法解釈を都合のいいように変更したり、はたまた憲法そのものを変えて、この国を戦争のできる国にしようとしているように見えて仕方ありません。

私は仏教やキリスト教の関係者が中心となって結成された「宗教者九条の和」

の呼びかけ人の一人ですが、いつもポケット憲法を持ち歩いていて、時間があれば繰り返し読むようにしています。こうした勉強をすることで、現場で得た実感がさらに深まりますが、とにかくまずは、現地に足を運ぶことが何よりも大切なことです。

知識を詰め込むだけでは
本当の実感にはならない。
自分の目で確かめること。

カンボジアを訪ねて
戦争の悲惨さを知る。
現地や現場を知らない
政治家が増えてきた。

自分でつかんだものだけが本当の宝物になる

私がさまざまな土地に足を運ぶのは、そこへ行って、自分自身の目でものごとを確かめたいという気持ちがあるからです。自らの体験として、ものごとを把握したいと思っているからです。テレビや新聞で見ているだけでは、ただの知識です。知識が無価値、無意味だとは申しません。しかし、それだけでは、自らの血肉とならないし、自らの悟りともならない。

禅では「自悟自解《じごじげ》」、自ら悟り、自ら解《さと》らしめるのが大切だと説かれますが、それはつまり、体験や経験を通して自ら悟ることが、人間にとって何よりも大切だということです。それが根底になければ、主人公として生きることは難しいのではないでしょうか。

禅の世界に、「冷暖自知《れいだんじち》」ということばがあります。目の前の茶碗に、一杯のお茶が注《つ》がれている。そのお茶が冷たいのか、温かいのか、それを眺めているだけではわからない。どうすれば、それを知ることができるのか。答えは簡単です。自分の手で直《じか》に茶碗を触ったり、中のお茶を飲んでみればよい。

いわれてみれば当たり前のことですが、なかなかそうはいかないのが世の中です。つい、まわりの人に聞いたりする。それで「冷たい」といわれれば、そうかと思い、「温かい」といわれれば、またそうかと思う。しかし、それはその人の感覚でしかありません。冷たいといわれて飲んでみたら、思いのほか温かかったり、温かいといわれて飲んでみたら、意外と冷たかったりする。だから、自分で確かめてみるしかないんです。

それが、体験です。禅では、身をもって体験してつかんだものを何よりも大事なものとみなします。いくら耳学問を積み重ねたところで、それは単なる借りものであって、本当に自分のものとはならないのです。禅の修行僧である雲水が行う坐禅も、作務《さむ》も、托鉢も、すべてこれ体験です。

「門より入るものは、これ家珍《かちん》にあらず」ということばがあります。禅の公案集のひとつ、『無門関』の序文に登場することばですが、「家珍」とは家の宝物という意味です。

門から入ってきたものとは、誰かに聞いたり、本で読んだりした、いわば聞きかじり、読みかじりの知識です。そういったものは、本当の宝物ではないんですな。では、本当の宝物とは何か？　自分で実際に体験して会得したもの、自分自身のなかから出てきたものこそが本当の宝物です。

千利休といえば、茶の湯を大成した人として知られていますが、大徳寺の僧である古渓宗陳《こけいそうちん》や茶人の武野紹鷗《たけのじょうおう》に師事して、ずっと禅の修行を続けた人でもあります。

その利休が弟子たちに向かって、茶道なんて信じるなといっています。その意味するところは、いくら師匠からいわれたからといって、それで茶の湯をわかったことにはならない。茶の湯が何であるかをわかりたければ、自分たちで体験して、自分たちでつかみなさいということです。それこそが、その人にとっての本当の宝物になりうるのです。

お茶が温かいか、
冷たいかは
飲んでみなければ
わからない。
経験や体験を
大切にしなさい。

自分で体験しなければ
本当のことはわからない。
聞きかじり、読みかじりの
知識は宝物にならない。

○厳しい修行を体験してすべてが新鮮に見えた瞬間

体験や実践から得られるものの大きさということでいえば、われわれ禅宗の僧侶にとっては、修行中の「臘八大接《ろうはつおおぜつ》（摂）心《しん》」というものが群を抜いています。これは毎年、一二月一日から八日の朝までぶっ続けで行われる修行です。

なぜ、その期間かというと、お釈迦さまがインドのブッタガヤというところで瞑想《めいそう》によってお悟りになられたのが、ちょうどそのときだったからといわれています。それにちなんで、われわれも同じ日に、お釈迦さまと同じ体験をしようということで行われるのです。

私が初めて「臘八大接心」を体験したのは、二二歳のときでした。その後、これまでに一三回、経験しています。その修行の厳しいことたるや、想像を絶しています。「これは人間のすることではない」と思ったほどです。

その八日間は、文字通り、不眠不休です。横になることもできません。食事は通常通りですが、それ以外のときは坐禅を組み続け、その合間に老師の講義を聞きます。その間に、口をきくことは一切ならず。坐禅の始まりも、終わりも、すべてカチンと叩く鐸《たく》と、チーンと鳴る鉦《かね》で示されます。

いまは昔ほど冬も寒くはありませんが、私が臘八大接心をしたころは肌を突き刺すような寒さがあり、全部開け放たれた坐禅堂の窓から粉雪が舞い込むこともありました。そんな寒さのなかで、八日間ひたすら坐禅を続けるのです。

一番つらいのは、三日目あたりです。それまでは何とか持ちこたえていたものの、三日目ぐらいになると、肉体的にも、精神的にも極限に達します。それでもそれを乗り越えられるのは、二〇人ほどの仲間と一緒に修行をしているからです。一人であればくじけそうでも、隣にいる仲間が同じように耐えていると思えば、何とか自分もがんばることができるのです。

しかし、折り返しの四日目を過ぎると、不思議なことに、それまでのつらさが消え、それからは日に日に感覚が研ぎ澄まされてきます。必要最小限の呼吸だけで生きているような感じがして、体もフッと軽くなる。心がすべて解き放たれた感じで、まるで自分が空っぽになった感覚というか、それこそ本来無一物であることを実感できます。

臘八大接心が終わって坐禅堂から出てきたときのことは、いまでも鮮烈に覚えています。まわりを見回してみると、それまで見ていたものが、まったく違ったものとして見えてくる。もう、すべてが新鮮。見るもの、聞くものが全部、新しく見えるんです。

そのとき、「ああ、これやなあ」と思いました。これが、お釈迦さまがおっしゃった「山川草木悉皆成仏《さんせんそうもくしつかいじようぶつ》」やと、腹の底から実感できたんです。それまでことばとして知っていた山川草木悉皆成仏が、臘八大接心という厳しい修行を経て、初めてリアルな体験として理解できました。

本来無一物という感覚。
「山川草木悉皆成仏」が
リアルな実感となる。

八日間、不眠不休で励む
「臘八大接心」の修行。
見るもの、聞くものが、
全部新しく見えてくる。

主体性を持って生きれば、すべてが真実となる

主人公（本来の自分）として生きるということに関して、ぜひみなさんにご紹介したいことばがあります。唐の時代の禅僧で、臨済宗の開祖である臨済義玄《ぎげん》禅師の言行をまとめた『臨済録』にある有名なことばです。

「随処《ずいしょ》に主と作《な》れば、立処皆真《りっしょみなしん》なり」

随処とは、いたるところ、どこでも、立処とは、いま立っている場所というほどの意味です。すなわち、このことばは、「いかなる場所、どんな環境にあっても、主人公たることを見失わず、主体性を持って生きれば、いまいる場所が、その人にとってすべて真実になる」という意味です。

私たちは普段とは違った場所へ行ったり、違った環境に置かれたりすると、つ

い動揺して、自分を見失ってしまいがちです。また、逆境にあるときは、そこから逃れたいばかりに、自分自身であり続けることが難しい。

成功しているときも、同じです。仕事がうまくいったり、お金がたくさん入ってくると、つい有頂天になって自分を見失ってしまう。人の評価や称賛を気にするあまり、人におもねったり、人の意見に引きずられて、主体性なんかどこに行ったかわからなくなる。すべてが、人まかせになってしまう。

主人公として生きる、主体性を持って生きるというのは、たしかに簡単なことではありません。そのためには、自分という軸がしっかりしていなければならない。それがなければ、どうしたって人の意見に影響されたり、世間の常識や空気に追随することになりがちです。

お釈迦さまが入滅されるとき、弟子であるアーナンダ（阿難）に語ったとされているのが、「自らを灯とし、法を灯とせよ」ということばです。「師が亡くなったら、いったい何に頼って生きていけばいいのか」と、途方に暮れるアーナンダに対して、お釈迦さまは、「アーナンダよ、私やほかの人に頼ってはいけない。自分自身をよりどころにして生きていきなさい。本当に正しいことを頼りにして生きていきなさい」と諭されたのです。

もし、自分以外の誰かを灯火として頼りにして生きていると、その誰かがいなくなって明かりが消えたら、その人は真っ暗闇のなかをさまようことになります。それではいけない。自分自身を灯火とし、自分自身をよりどころにする。これこそがまさに主人公として生きる、主体的に生きるということにほかなりません。

自分以外のものに
頼ったり、
寄りかかってはいけない。
自分自身を
よりどころに生きる。

お釈迦さまの
最期のことばが示す
主人公としての生き方。
「随処に主と作れば、
立処皆真なり」と
臨済禅師も語る。

○ 頼るべきものは自分以外にない。その自分に執着してもいけない

自分以外に頼るべきものはない、よりどころとすべきものはない。そうはっきりと言語化できていたわけではありませんが、私自身、九州の寺ですごした小僧時代から、頼るべきものは自分以外にないということは、なんとなく感じていたように思います。私は両親の離婚によって七歳で寺に預けられましたが、そのときから、大人には絶対、頼ってはあかんと思っていました。

さらに、その寺で、ある人から「お寺の禄《ろく》を食《は》むな」といわれたことも、その思いを確たるものにした一因です。寺にいると、十分とはいわないまでも、それなりに衣食住が足ります。すると、そういう境遇に甘んじてしまうし、それに頼ってしまう。寺の禄を食むとは、そういうことです。

そうなってくると、頼ることができるのは、もう自分しかない。自分が主人公になるしかないのです。

しかし、禅ではさらにその先に行きます。頼るべきものは自分以外にはないが、その自分にも執着してはいけない。自分自身に執着する自分をすら捨てなさいというのが、禅の教えです。

主人公としての自分に執着してしまうと何がいけないのかといえば、自分以外の人が見えなくなることです。まるで自分だけが主人公のような気がして、人もまた自分が主人公だと思っていることがわからない。結局、「俺が、俺が」になってしまって、つまらぬ衝突を起こしてしまう。それでは、あかんのです。「自分は自分、他人は他人」、それはそれでいい。しかし、その他人もまた、「自分は自分、他人は他人」と思っていることを忘れてはいけない。各自が、めいめい主人公。ようは、お互い同士を認め合うことですな。

自分に執着すると、
自分以外が
見えなくなる。
それではいけない。

自分自身に執着する
自分をすら捨てなさい。
他人もまた自分が
主人公だと思っている。

生まれながらにして仏さん。生まれながらにして心は清浄

随処に主となる、主人公として生きるといったときに、その「主」となる「本来の自分」のことを、禅のことばでは「本来の面目」といいます（「面目丸つぶれ」と書くと「めんぼく」ですが、禅語のほうは「めんもく」と読ませます）。「すべての人が生まれながらにして持っている、自然のままの自分」という意味です。

禅では、それがそのまま「仏性」、すなわち「仏さん」だといいます。普通に考えると、仏さんというのは崇《あが》めたてまつる対象です。もう絶対的な存在であって、われわれとははるかに隔たった遠いところにおられるものと考えます。

でも、そうではないんです。仏性というものは、どんな人にも本来、備わっているもので、もともと人の心にあるもんなんです。だから人は、生まれながらに

して仏さんです。

臨済宗の中興の祖とされる江戸中期の白隠《はくいん》禅師も『坐《ざ》禅《ぜん》和《わ》讃《さん》』のなかでこう詠んでいます。

「衆生《しゅじょう》本来仏なり。水と氷の如くにて、水を離れて氷なく、衆生の外《ほか》に仏なし。衆生近きを知らずして、遠く求むるはかなさよ」

みんな、生まれながらにして仏さんだ。それは水と氷の関係のようなもので、水がなければ氷もないように、人々の外に仏はない。それなのに人々は仏さんが近くにいるのに気づかず（自分自身が仏であるにもかかわらず）、遠くにばかり求めている。なんと愚かなことよ……。

生まれながらにして仏さんであるのに、それに気づかなかったり、それを見失っている。それではあかんよと、白隠禅師はいいます。

生まれながらに備わっている仏性としての心は、本来、清浄なものです。汚れや曇りもなければ、チリやホコリがひとつもついていない。人間は「本来無一物」な存在だといわれていますが、その根底にあるのは、もともと清浄であるところの心です。

本来無一物とは、六祖（禅の開祖である達磨《だるま》大師から数えて六番目の祖師）の慧能《えのう》禅師が詠んだ、「菩提は本《もと》より樹無し、明鏡も亦《ま》た台に非ず。本来無一物、何《いず》れの処にか塵埃《じんあい》有らん」という偈《げ》からとられています。この偈は、本来無一物である自己の心は清浄なものであって、どこにもチリやホコリがついていないという意味です。

もともと清浄なものとして備わっている仏性や本来の面目に気づく、それが主人公として生きることです。

もともと清浄である
本来無一物
としての自分。
それがそのまま仏さん。

仏性は誰にも
生まれながらに備わっている。
主人公として、
それに気づけるか？

○

そのままの自分が本当の自分。外に求めても見つからない

本来の自分といえば思い浮かぶのが、いわゆる「自分探し」というやつです。いつごろからか定かではありませんが、自分探しということばが盛んにいわれるようになりました。どこぞに「本当の自分」というものがあって、それを探し求めることが一種のブームのようになっています。若い人ならまだしも、近ごろでは働き盛りの人、あるいは定年を間近に控えた人、子育てをすでに終えた人、はたまた定年を迎えてしまった人も自分探しに奔走している感があります。

しかし、本当の自分というものは、生まれながらにしてすべての人に備わっているものです。だから、いくら自分の外を探したところで見つかるものではありません。もし、見つかったという人がいたら、まったくの幻、世迷いごとです。

本当の自分を探しているというその自分は、いったい何なんでしょうか。それが自分でなくて、いったい誰が自分を探しているというのでしょうか。自分以外に、ありはしません。だから、ことさらに探す必要なんてないんです。探さなくても、それはそこに、自分として存在しています。

そのことがわからなくなっているから、最近の人は自分の外に自分を探そうとする。でも、それではいつまでたっても自分は見つかりません。それは、もともと自分のなかにあるものだからです。それは見つけるものではなく、気づくものです。それに気づかないでいるのは、やはり煩悩や執着によって自分が埋もれてしまっているからです。

私たちは通常、さまざまな知識や常識で武装したり、お金をかけて身づくろいしたり、地位や名誉で自分を飾ろうとします。そうして自分以外のものをどんどん積み上げていった先に、本当の自分があるのではないかと思っている。でも、そうではないんです。本当の自分とは、そうしたものをすべてはぎ取ったときに見えてくるものなんです。

先ほども紹介した慧能禅師は、元軍人だった恵明《えみょう》という僧に向かって、「善を思わず、悪を思わず、正に与麼《よも》の時、如何なるか是《こ》れ上座本来の面目」とたずねる。善も思わない、悪も思わない、ちょうどそのようなときに、いったいどのようなものがあなたの本当の自分なのか、と。つまり、すべてを取っ払ったときに、本当の自分が見えてくるということです。

そこにあるがままの自分こそが本当の自分の正体であり、それ以外に探し求めても、本当の自分など見つかりっこないのです。

本当の自分は、
そこにある。
すべてを取り払って
見えてくるのが
本当の自分。

本当の自分は
外に探すものではない。
自分のなかにある
本当の自分に気づくだけ。

○いま、そこにあなたが存在している。それ以上にありがたいことはない

本来の自分のままで、主人公として主体的に生きることの大切さについて述べてきましたが、世間での立場やしがらみから解放されたときだからこそ、そうした生き方を追求できるのが、定年を迎えたり、子育てを終えた方々ではないでしょうか。

『碧巌録』のなかに、「独坐《どくざ》大雄峰《だいゆうほう》」ということばがあります。禅の修行道場での規範となる『百丈清規《ひやくじょうしんぎ》』を定めた百丈懐《え》海《かい》禅師に、ある修行僧が、「如何なるか是れ奇《き》特《とく》の事」とたずねました。「奇特」とは、もっともありがたいもの、もっとも貴《とうと》いものという意味です。「この世の中で、もっともありがたいものは何ですか」とたずねたわけです。

これに対して百丈懐海禅師は、「独坐大雄峰」とひとことで答えました。「高くそびえたつ山に、私はいま、こうして一人で坐っている。それが何よりもありがたいことだ」、と。つまり、自分が存在していること自体が、もっともありがたいことだというのです。

とかく人は、ありがたいもの、すばらしいものと聞くと、それを外に向かって求めてしまいます。それはおおむね、誰かほかの人によって定められた評価とか、世間でそれがいいと思われている常識などを反映したものです。たとえば、「財産がある」「いい家に住んでいる」「いい学校やいい会社に入った」、そういった類です。

しかし、そんなものは、いかほどのものでもありません。そんなことよりありがたいのは、あなたが、いまそこに、あなた自身として存在していることです。自分の足で立ち、自分の頭で考え、自分の力で生きていることです。それ以上にありがたいこと、すばらしいことなどないのです。

世間の価値とか、常識とかに縛られてはいけません。一個の独立した存在として、自分をしっかり見つめ、自分を保ってほしいと思います。百丈懐海禅師のことばのように、どっしりと山のいただきに腰を下ろし、ちょっとやそっとのことでは動じない、悠然たる境地でいてほしい。

世間の価値とか、常識とかは、いうなれば勝手にやってきて、勝手に去っていくちぎれ雲のようなものです。「青山《せいざん》元不《もとふ》動《どう》、白雲自ずから去来す」という禅語があります。これは、「山は動かないが、雲は自ずとやってきては去っていく」という意味です。

青山はあなた、白雲は世間の価値や常識、あるいはそれに対するこだわりや思い込みです。そうしたものに惑わされず、あなた自身を見つめることができれば、新たな人生を自由自在に生きていくことができるのです。

独立した存在として
自分をしっかり見つめ、
自分を保っていく。

自分という存在を
改めて見つめる。
自分で立ち、考え、
生きることのすばらしさ。

第3章

煩悩を捨てる 勇気を持てば 楽になれる

苦しかったり、悩んだりするのは心が何かにとらわれているから

あわただしい世の中です。最近はそんなことが流行《はや》っているのかと、世事の移り変わりに無頓着な私が人より周回遅れで感心したり、あきれたりしているうちに、流行っているといわれていたものはあっさり忘れ去られて、人の口の端にものぼらなくなる。あの騒ぎはいったい何だったのかと、いつものことながら首のひとつも傾《かし》げたくなります。

「断捨離《だんしゃり》」ということばも、ひところずいぶん話題になりました。でも、いま、それを口にしている人をとんと見かけません。庭に散り積もった落葉を右から左に掃いて捨てるように忘れ去ってしまうには、あまりにももったいない言葉だと思うのですが、どうもみなさんはそうは思わないようです。

このことばは、断つ、捨てる、離れるというヨガの行法哲学《ぎょうほう》（実践によって体得すべき真理）から来ているのですが、仏教の根本精神にも通じるものがあります。お釈迦さまがお唱えになったのも、煎じ詰めれば、そういうことです。

仏教では、よく「捨てなさい」といわれます。捨てろ、捨てろと、さかんにいわれるものの中身は何か？　それが、いわゆる「煩悩」です。

煩悩とは何か？　難しく考えることはありません。読んで字のごとく、私たちを煩《わずら》わせ、悩ませるものです。

では、何が私たちを煩わせ、悩ませるのか。私たちが生きていくうえで、日々、頭に浮かぶすべてのことです。なんでも人間は、平均すると一日六万回、何かを考えているのだとか。

そんなことをいわれても、私たちは普段、ものを考えないわけにはいかないし、何かを意識しないわけにはいきません。ほかの動物と違って人間は脳が発達してしまったので、黙っていても、いろいろなことが次から次へと頭に浮かんできます。残念ながら、生きている限り、それを止めることはできませんな。

だから、頭に思い浮かんだことが、そのまま煩悩になるというわけではありません。問題なのは、その思い浮かんだものにとらわれてしまうことです。

何ものかに心がとらわれた状態を、仏教では「執着」と呼びます。この執着が原因となって、私たちは煩ったり、悩んだりしてしまうのです。こうした執着による煩悩を捨てなさいと、仏教では説きます。禅宗では、この執着や煩悩を捨てることを修行の眼目にしています。

仏教だ、禅宗だと、堅苦しく考える必要はありません。私たちは何歳になろうと、脳が活動している限り、この執着や煩悩から完全に解き放たれるということはないでしょう。それは私も同じこと。ただ、できるだけそうしたものにとらわれないような生き方をしていきたいと思っています。

頭に浮かんでくることを
止めることはできない。
問題は、執着すること。

「捨てなさい」と
いわれている煩悩や執着。
それにとらわれるから、
人は苦悩する。

「自分が一番エラい」と思っていませんか？

煩悩の原因となるのが執着ですが、では、その執着を生み出すものは何でしょうか？　その根っこを探っていくと、そこでぶつかるのが、「自我」や「自我心」といわれるものです。

自我とは簡単にいってしまえば、自分や自己のこと、他者や外界から区別して意識される自分、意識や行為をつかさどる主体としての私、といったものになるでしょう。

平たくいえば、自我心とは、「俺が、俺が」「私が、私が」という「自分へのこだわり」「自分を後生《ごしょう》大事に思う心」「自分が一番エラいと思う心」です。何かに執着するのも、みんな自我心のなせるわざです。

これがまた、実にやっかいなもので、自分たちが思っている以上に頑固というか、手に負えないものですな。ありとあらゆる災厄《さいやく》を招く元凶になっている。自分が一番ということは、ほかに二番や三番があるということではないんですよ。自分以外は認めないということなんです。そんなふうに自分が一番と思っているもの同士が道ですれ違ったら、争いになるに決まっています。

そのぶつかり合いが、行き着くところまで行き着いたのが戦争です。人の命を奪い、大地を破壊し、不幸や悲しみを生み出すことがわかっているのに、世界のいたるところで戦争がやまない。その根本にあるのが、「俺が、俺が」の自我心なんです。「俺が、俺が」が、そのうち「うちの宗教が」になり、「うちの国が」になって、やがて戦争が始まる。

この自我心さえ捨てることができたら、みんな仲ようできるんです、世の中は平和になるんです。だから、仏教では、「自我心を捨てろ」とうるさいくらいにいうのです。

「自分が一番だ」という自我心が、不幸を招く。

「俺が、俺が」
「私が、私が」が
行き着く果てに
不幸や悲しみを生み出す
トラブルや戦争がある。

過去の名利《みようり》を捨て切れずに自分を不幸にする人

「俺が、俺が」という自我心にとらわれてしまうのは、結局、自分に都合のいいようにしたいという心があるからです。自分の利益というか、利害しか考えていない。

歳をとると、なぜだかそうした思いが、かえって強くなってくる。本当は、歳をとるごとに謙虚な気持ちが出てこなければあかんのです。それが、どうも逆になっている残念な年輩の方が多い。

また、歳をとっても、過去の名利にとらわれている人がぎょうさんいます。定年になって会社を退いたというのに、いまだに俺は一流企業の重役だったとか、役所で高い地位に就いていたとか、それを鼻にかけてふんぞり返っている人がいます。かつての地位や名誉を捨て切れない。それもまた、自我心のなせるわざです。

しかし、そんなものはすべて、一時の夢や幻、仮のものなんです。そうしたものに振り回されて、二進《につち》も三進《さつち》もいかない窮屈な状況に自分を追い込んでいるのが、いまの時代の人間の姿ではないでしょうか。ようは捨てる覚悟を持てるかどうかということです。

捨てるのがもったいないというのは、「それが自分のものだ」と思うからでしょう。しかし、「自分のもの」にとらわれている限り、人間としての進歩も発展もありません。

一二世紀に中国で編まれた禅の有名な公案集『碧巌録』の一節に、「手に白玉《はくぎょく》の鞭《べん》を把《と》って驪珠《りしゅ》、尽《ことごと》く撃砕《げきさい》す」ということばがあります。驪珠とは、龍のあごの下にあるとされる宝玉です。そのような貴重な宝石が手に入ったとしても、それをムチでことごとく打ち砕かなければいけない、すなわち、いかにすばらしいものであっても、それに執着していてはいけないということです。

過去の栄光にすがるということは、自我心から来る執着にとらわれて、いつまでも夢や幻にすぎない宝石を握りしめているようなものです。そんなものはさっさと捨て去って、次へ進む意識を持つことが大事です。

自分のものだと
思うから
過去の地位や名誉に
とらわれる。
さっさと捨てて
次に進みなさい。

自分の都合のいいように
したいと思う心が
一時の夢や幻にすぎない
ものに執着させる。

何もないところにすべてがある

自我心がもたらす執着から離れなさい、捨てなさいと、禅では繰り返し説きます。それは、執着によって生じる苦しみや悩み、迷いやとらわれ、争いやいさかいといったものから解き放たれ、自由で大らかな境地に到るためです。

捨てるとは、空っぽになるということでもあります。つまらぬ見栄や無知ゆえの偏見、みんなからいい人だと思われたいという卑屈な自意識、人に負けたくないという過剰なプライドなど、長く生きてくる間に心に染みつけてしまったものがある。そうしたもろもろのチリやホコリのようなものをどんどん捨てて、空っぽになっていく。

そして、心に何もなくなった状態、それが「本来無一物」という禅の根本です。

もともと人間は、そういう存在として生まれてきたのです。何ひとつ持って生まれてきたわけではないし、亡くなるときも何ひとつ持っては行けない。裸で生まれて、裸で死んでいく。だから、捨てて空っぽになるということは、もともとの人間の姿である本来無一物に近づいていくことです。

しかし、この空っぽは、ただの空っぽではない。お茶が茶碗になみなみ入っているると、それ以上は注げません。でも、それをいったん空っぽにすれば、なんぼでも注げます。つまり空っぽとは、本当は豊かなこと。そこには、あらゆるものが入れられる。文字通り、無尽蔵なんですわ。

中国の宋の時代に活躍した蘇東坡《そとうば》の詩に、「無一物中無尽蔵。花有り、月有り、楼台有り」という一節があります。何もないということは、何でもあるということ。美しい花もあり、風流な月もあり、見事な楼台もある。空っぽのなかに世界のすべて、つまり森羅万象がある。心のなかにあるつまらぬものを捨て去って空っぽになることができれば、その豊かな世界を手に入れることができるのです。

本来無一物。
無一物にして
無尽蔵。

空っぽになれば、
何でも入れられる。
空っぽなのは、
本当は豊かなこと。

過ぎ去った時間は取り戻せない

いつまでも過去の名声や名誉にとらわれている人と並んで、中高年になると見受けられるのが、過去の失敗にこだわって、いつまでもクヨクヨと後悔している人です。多いですな、そんな人が。

しかし、過ぎてしまった時間は二度と戻っては来んのです。失敗した過去の時点に戻って、もう一度やり直すことなんて誰にもできない。そんなことにクヨクヨしている暇があったら、さっさと前に進んだほうがよろしい。

そういう人に限って、その失敗の原因を人のせいにしがちです。「あのとき、あいつが、あんなことをしていなければ……」とか、「私が不幸なのは、あの人のせいだ」とか、落ち度はすべて、自分のせいではなく、誰かのせいだと思っている。それもまた、自分がかわいいあまりの自我心から生じていることです。

誰のせいでもない、結局は自分自身の問題なんです。自分が蒔《ま》いた種が、自分に不都合な花を咲かせただけだということがわかっていない。それなのに、「なんで俺がおかしいんだ」「どうして私の意見が通らないの」と不平不満をいっている。そんなことをしたところで問題は解決しないし、まして失敗を取り戻すことなどできません。

そう考えたら、いつまでも過去の失敗に執着したり、それを誰かのせいにしたりしていることはアホらしいと思いませんか。そんなものはさっさと放り投げることです。京都のことばでは、「はよ、ほかせ」ですな。

この「ほかす」を、禅では「放下著《ほうげじゃく》」といいます。放下とは、放り投げる、捨て去るということです（著は、放下を強調するための助字）。煩悩はいうに及ばず、悟りや仏ですらも、それが執着となるなら迷うことなく放下しろと禅では教えます。過去の失敗など、さっさと放下するにこしたことはありません。

この放下著を徹底したのが、中国の臨済宗の開祖である臨済義玄禅師です。臨済禅師は、『臨済録』のなかでこういっています。

「仏に逢うては仏を殺し、祖に逢うては祖を殺す。羅漢に逢うては羅漢を殺し、父母に逢うては父母を殺し、親眷《しんけん》に逢うては親眷を殺し始めて解脱を得ん」

仏道修行をしているものにとっては、仏や祖師、親や親族ほど頼りになるものはない。だから、ついついその教えや愛情に執着してしまう。でも、それではダメだ、全部殺してしまえというのです。

この考えを推し進めていけば、手放しでお釈迦さまに帰依する、あるいは仏の教えに帰依することも間違いだということになります。そんなものに執着するな、一切合切ほかしてしまえ。それが、臨済禅師がいわんとしていることです。

終いには、いままでわしがいってきたことは全部嘘《うそ》や、おまえら一生懸命聞いとったかしらんけど、わしは嘘をいうとんのや、だからわしのことばなんて捨ててしまえと、そこまで臨済禅師はいっています。

いつまでも
クヨクヨするな。
後悔も人のせいに
することもさっさと
「放下」しなさい。

過去に戻って
やり直すことは
誰にもできない。
失敗に執着する心や
責任転嫁は、
「はよ、ほかせ」。

欲を捨てると勘が冴《さ》え、勝負運も開けてくる

欲は人の目をくらませるとは、よくいったものです。もっと、もっとと無際限な欲にとらわれて、自分をコントロールできなくなる。そうなると、見えるものも見えなくなって、正常な判断ができなくなってしまいます。そんなんでは、勘も冴えませんわな。

週末が近づくと、ときどき見かけますな、右手に赤鉛筆や青鉛筆、左手に競馬新聞を握りしめている人を。目を皿のようにして、食い入るように新聞を読んでいる姿は、まさに欲のかたまり。当てたい、一獲千金を手に入れたい、そんな思いがにじみ出ている。でも、当たらんでしょうな、そんなふうでは。

名字に「馬」が入っているからというわけでもないでしょうが、私は馬とは縁

があるようです。日本中央競馬会が主催する大きなレースに「有馬記念」がありますが、あの有馬は、旧久留米藩有馬家第一五代当主で、日本中央競馬会の理事長も務めた、私の従伯父《いとこおじ》にあたる有馬頼寧《よりやす》にちなんで命名されたものです。

その関係か、一二月下旬になると、有馬記念が開催される中山競馬場に招待される。行ったり、行かなかったりですが、行くと、以前はパドックにも顔を出していました。不思議なもんですが、パドックできれいだなと思った馬は、必ず走るんです。

有馬記念で記憶に残っているのは、ディープインパクトがハーツクライに敗れた二〇〇五年のレースです。ディープは、いうなれば絶対王者で、そのレースでも単勝一・三倍と圧倒的な一番人気。みんなはディープが勝つといっていましたが、私はどうも違うような気がした。そこでディープを外して、パドックできれいだと思った四番人気のハーツクライという馬を買ったら、大当たり。

その直前の秋の天皇賞のときもそうでした。このレースは戦後初の天覧競馬として話題になりましたが、なんと一四番人気という超人気薄のヘヴンリーロマンスという馬が勝った。たまたま、その馬主の方と知り合いだった関係で義理で馬券を買ったようなものですが、それが当たった。自分でもびっくりしました。

競馬は、当てようという欲がダメなんです。競馬新聞なんか読んだらアカンのですわ。やはり自分の勘に頼るというか、勘を研ぎ澄ますしかない。欲から入ったらダメなんであって、欲を捨てると、逆に勘が冴えてくる。

これは、どんな仕事にもいえることかもしれません。欲を捨てると、勝負運も自然と開けてくる。勝とう、勝とうと思っているとダメなんです。おそらく、人間には本来、勘のようなものが備わっているはずです。それを曇らせるのが、欲や執着。つまり、煩悩が勘を鈍らせるんです。

競馬で当てても、その払い戻し金はみんな知り合いや仲間に配ってしまいます。結局、手元には何も残らない。でも、それでいいんです。競馬で儲《もう》けようと思ったところでしゃーないじゃないですか。

勝とうとする欲が
人の目を曇らせてしまう。
欲を捨てれば
勘も冴える。

人間には本来、
勘のようなものが
備わっている。
それを曇らせるのが、
欲や執着、煩悩である。

常識や固定観念を一度、疑ってみる

子どもの発想というのは、自由でいいですな。大人であるこちらが思いもしなかった発想をする。いや、みごとなものです。そうした発想を素直に伸ばしてやるのが、本来の教育というものではないでしょうか。

みなさんのなかには、お孫さんがいらっしゃる方もいると思いますが、ぜひ、そうした目で見守ってほしいと思います。

ひるがえって私たちのことですが、どうも常識というか、思い込みや固定観念のようなものにとらわれて、自由な発想ができていないのではないでしょうか。それで、世の中が窮屈というか、息苦しくなっている。

若い人たちを「マニュアル人間」と非難することがありますが、むしろ年輩の方々のほうにそういう傾向が見られる。「前例がない」というのが典型ですな。なければ作ればいいだけの話です。「それが常識だから」ということばも、よく聞きますな。常識にこだわっている限り、何も新しいものは生まれません。人も社会も発展しない。

仏教では、「無住《むじゅう》」をもってよしとします。住職がいないお寺のことも無住といいますが、ここでいう無住は、一切の束縛を断ち切った、とらわれのない心の状態のことです。つまり、住《じゅう》するとは、こだわりやとらわれによって滞ってしまうことです。その住する原因となるもののひとつが、常識なんです。

だから常識も、頭から鵜呑《うの》みにして信じ込んだり、ただ唯々諾々《いいだくだく》と従うのではなく、一度はそれを疑ってみたほうがよろしい。禅では、この疑うことの大切さを強調します。

白隠《はくいん》禅師は、それを「先《ま》ず須《すべか》らく大疑団《だいぎだん》を起こすべし」ということばで表現しています。まず大きく疑え、ということです。その疑いを何とか解明しようと、とことん突き詰めていくことで、それが晴れたときには大きな悟りが得られるといっています。

常識や固定観念からは
新しいものは生まれない。
まずは大きく疑え。

「前例がない」
「常識だから」は
住すること。
とらわれのない心が
大きな悟りにつながる。

○

他人と比べる心をなくせば満ち足りた気持ちになれる

あいつがうらやましい、あの人のことがねたましい。それに比べて、俺は情けない、私は不幸だ……。

キリがありませんな、これでは。人と比べさえしなければ、私たちの心はもっと穏やかで、満ち足りた気持ちで毎日を送れそうな気がしませんか。

人と自分を比べることで生じてくるのが、いわゆる「嫉妬心」です。人をねたむ、そねむ、うらやむ。人間の感情のなかで、嫉妬ほど醜いものはないかもしれません。それだけに、人にとってはやっかいなものだともいえます。

嫉妬が恐ろしいのは、めらめらと燃え上がる炎によって自分の心を焼き殺しかねないからです。また、それは、最初は握りこぶしほどのものだったのが、転がしているうちに大きくなって始末に負えなくなった雪だるまのようなものです。嫉妬には利子がつく、そんなことをいう人もいます。

比べることをやめれば、かなりの苦しみや悩みが片づくような気がします。それだけで肩の荷が下りるでしょう。お隣さんがベンツを買った、うちはもっといい車を買おう。誰それさんが何億もするマンションに入った、私らも何とかしなくては……。そうした比べる心、嫉妬心が、大変な負担になってくる。それで結局、自分を見失い、ダメになっていく人が多いですな。

人と比べたところで、仕方ありません。本当に人のことがうらやましいと思ったら、嫉妬などしているよりも、あなたもそうなれるように努力してみたらいかがでしょうか。そうしたら、何だかうらやましいと思ったけど、大したことではなかったと気づくかもしれません。それどころか、あなたがうらやましいと思っている相手が、もしかしたらあなたのことをうらやましいと思っているかもしれませんよ。

ねたむ、そねむ、
うらやむ。
嫉妬心ほど
醜いものはない。
それは自分の心を
焼き殺す。

嫉妬心から自分を見失い、
ダメになる人が多い。
比べることをやめれば、
苦しみや悩みは片づく。

◯「足るを知る」ことで心は満たされる

比べる心や嫉妬心は、自分の欲望が満たされないことから生じているともいえます。欲望には、際限がありませんな。足りない、足りない、もっと、もっと、と、欲望はどんどん肥大化していく。そうならないようにするには、欲を断ってしまうことが理想なのでしょうが、そうもいきませんわな。

生きている以上、腹が減ったら食べたい、疲れたら眠りたい、寒くなったら一枚余計に着たいと思うのは当たり前で、それもまた欲です。人間は生きている以上、欲をすべて捨てることなど不可能でしょう。

だから、大事なことは、その欲とどうつきあうかということです。欲をなくすことはできないが、欲を少なくしていくことはできる。食べたり、寝たり、着たりといった、生きていくうえで欠かせない欲はいいんです。ただ、それ以上のものを際限なく求めてはいけません。

そのためには、「足るを知る」ことです。これで十分だと思えば、かえって心が満ち足りた気分になる。逆に、食べたり、寝たりといった暮らしのささいなことを大切にするようになります。

それが、「少欲知足《しょうよくちそく》」です。これこそが、お釈迦さまが入滅するときに説いた教えなんです。

少欲に関しては、「多欲の人は利を求めること多きがゆえに、苦悩また多し。少欲の人は無求無欲なれば、すなわちこの患《うれ》いなし」と説かれていらっしゃる。また、知足については、「もし、もろもろの苦悩を脱せんと欲せば、まさに知足を観ずべし」とおっしゃっている。

私なりにいい直せば、足るを知っている人は、たとえ貧困であっても心が満たされており、安らかである。しかし、足るを知らない人は、どんなに裕福であっても心が満たされず、つねに苦しみ悩んでいるということになります。どちらが幸せな生き方なのか、いわずもがなでしょう。

日本はもっと内需を刺激して消費を拡大しないと景気がよくならないと、さかんにいう人たちがいますが、どんなものでしょうか。私などは、野放図な消費社会というのは少欲知足の教えに逆行するように思えてなりません。

欲をなくすことは
できないが、
欲を少なくすることは
できる。
少欲知足で生きれば
患いなし。

足るを知る人は、
たとえ貧困でも
心が満たされ、
足るを知らない人は
裕福であっても
苦しみが多い。

死ぬことが怖いのは失うことが怖いから

名利にしろ、後悔にしろ、過去にとらわれて、がんじがらめになっている一方で、いまだ来てもいない未来に、不安や恐怖を覚える人もいます。とくに、ある程度の年齢になると、どうしても死というものを意識してしまう。

しかし、生まれてきた以上は、どうあがいたところで死ぬ運命にあるのです。どんな大金持ちだろうと、一国の王さまだろうと、死から逃れることはできません。

死に対する恐怖の根源にあるのは、生きている人間は誰も死を経験することができないということです。死んだら自分はどうなるのか、あの世といったものは本当にあるのか、あるとしたらどんなところか……。何ひとつわからない。誰も教えてくれる人がいない。だから、怖いのだと思います。

「死んだら、どうなるのでしょうか」

不安げな顔で、そうたずねてくる年輩の方がよくいます。何か安心できることばを私の口からいってほしいのでしょうな。しかし、死んだら何もありません。身もふたもないといわれるかもしれませんが、お棺に入って、火葬場で燃やされ、灰になるだけです。「焼けば灰、吹けば飛ぶ」。私は、そう答えています。

この世に霊魂が残るとか、極楽浄土に行くことができないとか、そんなことをおっしゃる仏教の宗派もあるようですが、仮にそんなことがあったとしても、どうやってそれを知ることができるというのでしょう。知ることができないことに思い悩むことは、迷妄以外の何ものでもありません。

歳をとると、死ぬことが怖くなってくるのは、死が現実のものとして近づいてくるからということもあるでしょう。しかし、いずれ死ななければならない運命にあることは、若い人だろうが、年輩の方だろうが、変わりありません。歳をとったからといって、ことさら死を恐れる理由はありません。

歳をとると死ぬことが怖くなるのは、むしろ、それまで手に入れたものを死によって失うことがイヤだからではないでしょうか。それまでに築いた社会的な評価や貯えた財産などを失ってしまうことに、恐怖を感じるのではありませんか。

しかし、そんなものはすべて幻なんです。

「一切の有為《うい》の法、夢幻泡影《ほうよう》の如し」

『金剛般若経《こんごうはんにゃきょう》』という経典にある一節です。この世のすべては夢や幻、水に浮かんだ泡や土に映った影のようにはかないものだということです。それを現実にあるもの、永遠にあるものだと思うから、ものごとにとらわれたり、執着する心が起きてきて、それを失うことが怖くなってくるのです。

生まれた以上は
誰もが死ぬ。
死は経験できない
のだから、
恐れることはない。

死への恐怖も
失うことへの不安も、
一切は夢や幻の如し。
「焼けば灰、吹けば飛ぶ」。
迷妄を捨てて、
いまを生きる。

○生涯の師と仰いだ老師の「死にたくない」というひとこと

これまで、数多くの印象深い死を目の当たりにしてきました。なかでも忘れられないもののひとつが、私が二〇歳のときから生涯の師と仰いだ大津櫪堂《れきどう》老師の最期です。

臨済宗相国寺派の管長を務められた櫪堂老師は、一九七六年に七八歳で遷化されました。最晩年には親しい方が見えられたときなど、「わしは、ぼつぼつ死ぬさかい」と、よく口にされていました。

あまりにもあっけらかんとした口調なので、周囲は本気にしていませんでしたし、お医者さまも、「まだまだお元気ですな」といっていました。それでも老師は、「わしの体のことは、わしが一番ようわかっとる」とおっしゃる。

そのころ、禅画でよく見られる円相《えんそう》（墨で円を描いたもの）の真ん中に、「死にともない」と書き込まれました。「死にたくない」という意味です。これは、数多くの軽妙飄逸《けいみょうひょういつ》な禅画を残した江戸時代の臨済宗の禅僧、仙厓義梵《せんがいぎぼん》禅師がいったことばとしても有名です。

それだけを見れば、長く修行を続けた高僧であっても、いざ死を目前にすると、やはり死にたくないのか、死ぬことが怖いのかと思うかもしれません。いや、櫪堂老師が死にたくないといったのは、真実、そう思ったからだと思います。しかし、死ぬことが怖くて、生に執着したということはありえない。それは、弟子として何十年も仕えてきた私だからわかることです。

それが証拠に、老師は夕食を済ませた後、平生と少しも変わらぬ様子で、「やぁ、ありがとう」と私たちに声をかけ、すぐに寝息を立てられました。そのまま二日間、昏睡状態が続き、スーッと息を引き取られました。

昨日までは朝になれば起きていたが、今日からは起きなくなっただけのことであって、それは何ら特別なことではなく、ごく当たり前のことだといわんばかりの亡くなられ方でした。そこには、恐れといったものや迷いのようなものは微塵《みじん》も感じられませんでした。

それでは、なぜ老師は、「死にともない」と円相に書いたのか？

おそらく、死ぬことによって、それまで続けてきた禅の修行を、この世では続けられなくなること、僧侶としての最大の務めである衆生済度《しゅじょうさいど》（生きているもののすべてを迷いのなかから救済し、悟りを得させる）ができなくなることが残念だったのではないでしょうか。

しかし、老師の眠るように安らかなお顔は、「安心せいよ。わしは死んでも、禅の修行を続けていくさかい」と、私たち弟子に語っているようでした。

昨日までは起きていたが、
今日からは
起きなくなった。
それが、死ぬということ。

師である大津櫪堂老師が
最期に書いた
「死にともない」。
しかしそれは、
死への恐怖ではない。

死に特別な意味はない。押しつぶされてはいけない

死は何ら特別なものではない、生まれてきた以上は死んでいくのが定めであるといいました。私たちは死を厳粛なものとみなすあまり、ともすると死に過剰な意味を持たせてしまいがちです。

昨今、耳にすることが多い「終活」ということばも、そうしたことが根っこにあるのでしょう。

しかし、禅では死を大仰なものとしてはとらえません。死は、日常のなかのひとこまです。「生死事大《しょうじじだい》」ということばがありますが、ことさらに生や死を意識するのではなく、一日一日を真剣に生き切れと禅では説きます。

死を特別なもの、厳粛なものとみなす気持ちは、かえって生きている人を縛っ

てしまうことがあります。亡くなった人のことばが、残された人の心に重くのしかかり、それによって身動きがとれなくなってしまう。遺書が、そうです。そこに書かれていることに縛られてしまい、どう生きていけばいいのかわからなくなるということがあります。

知り合いの男性が、ある日突然、訪ねてきました。悩んでいるといいます。その原因は、会社の派閥争いの板挟みで自死した上司から手渡された遺書でした。それを渡されるとき、「これは君のために書いたものだから、大事にしてくれ」といわれたのだそうです。「あの遺書を持ったまま、これから僕はどう生きていけばいいのでしょうか……」、彼はそういいます。その遺書が重石《おもし》となり、彼を押しつぶしているのです。

私は即座に答えました。「あかん。明日《あした》帰ったら、すぐに焼きなさい」、と。それを聞いて、彼は憑《つ》きものが落ちたようにホッとした表情を浮かべ、「わかりました、そのようにします。これで心が晴れました」といって帰っていきました。

遺書を焼き捨てるなんて……、という方もいるでしょう。しかし、それが執着やこだわりを生み、迷いのもとになるのであれば、そんなもんはさっさと焼き捨てたほうがいいんです。

私にいわせれば、遺書などというものは戯言《ざれごと》です。自分の死に意味を持たせようとしている人のあがきのようなものでしょう。あるいは、自分が死んでもなお、残された人たちに影響力を及ぼそうという妄執のようなものです。

遺書を受け取ったほうは、それが苦しみや迷いの原因となるなら、焼き捨ててしまってもかまわんのです。

死に過剰な意味を
持たせると、
生きている人を
縛ってしまう。
遺書が負担なら
焼き捨てていい。

ある男性が自死した
上司から受け取った遺書。
それに悩む彼に、
「焼き捨てなさい」と
いいました。

第4章
一日一日を丁寧に暮らす生き方

質素な食事が無上の食事に変わる

近ごろ、「丁寧《ていねい》」ということばを、めっきり聞かなくなりました。何をするにしても、手っ取り早く、効率的にするのがよしとされるご時世です。せわしないというか、落ち着きがないというか、目の粗《あら》いざるで水をすくっているようなもので、ざるの間からどんどん水がこぼれていく。スピードや効率といったものと引き換えに、丁寧さが失われていく。

これでは人間関係も、ものとのかかわりも希薄になって、味気ない、せちがらい世の中になっていくような気がします。

丁寧ということばは、大昔に中国の軍隊で使われていた金属製の鉦の名前に由来するらしいですな。この鉦を叩いて、「注意しろ」「警戒を怠るな」と知らせたそうで、そこから細かいところまで気を配ること、心を込めて念入りに行うことといった意味に転じていったそうです。そういえば、中国の女子卓球選手で、丁寧という世界ナンバーワンの方がいますな。なんか関係があるんやろか。

それはさておき、われわれ禅の住職は、修行の最初から丁寧に生きることを教え込まれる。心を込めてお勤めし、心を込めて坐禅をし、心を込めて掃除や作務をし、心を込めて食事をする。

以前、私のお寺に坐禅を組みにいらしたドイツ人の女性がいましたが、坐禅の後で、ごはんとたくあんとお茶だけの食事をして、いたく感動されたことがありました。ご存じのように、禅寺での食事には器の持ち方、箸の上げ下げ、食べものの噛《か》み方など、細かい作法があります。最後は、お茶の残りとたくあんのひと切れで使った器を洗う。

おそらくこの女性は、それまで、これほど丁寧に心を込めて食事をするということがなかったのでしょう。「いままで生きてきて、こんなにも味わいのある食事をしたことはありませんでした」と、最後は涙を流して話していました。

その人がドイツ人だからというのは関係ないでしょう。はたして、いまの日本で、いったいどれほどの人が心を込めてごはんを作り、丁寧に食べているでしょうか。

ありあわせのものを買ってきて、スマートフォンを片手に口に放り込み、食べ残しをそのままゴミに捨てている人が多いのではないでしょうか。食べるということがいのちをいただくことであり、決しておろそかにしてはいけないことだと思って食べものに向き合っている人が、はたしてどれだけいるでしょう。

食事に時間をかけるなんてバカらしい、適当に済ませて時間を節約したほうがいいというかもしれませんが、そうやって節約した時間で、何をするというのでしょう。寝転がってテレビを見たり、スマートフォンをいじったりしているのが関の山ではないでしょうか。

人間が生きるうえでもっとも大切にしなければならない食事ですら、そのような状況ですから、あとのことは推して知るべしです。日本人の多くは、いま、丁寧さとはほど遠い生活をしているように思えます。それがうるおいのない、殺伐とした世相に反映されている気がしてなりません。

スピードや効率と
引き換えに
丁寧に生きることを
忘れていないか？

質素な食事に
感動していたドイツ人。
丁寧さを失えば
殺伐とした世の中に
なっていく。

特別なことは必要ない。日々の暮らしをつつがなく

一日、一日を丁寧に生きるといっても、何も難しく考えることはありません。特別なことなど必要ないのです。

むしろ、特別なことをしようとすると、基本的なことがおろそかになってしまいます。いくら上っ面だけを立派に飾っても、中身が伴わなければ何にもなりません。かえって、わざとらしさばかりが目立ってしまいます。

『臨済録』には、「無事是れ貴人《きにん》、但造作《ただぞうさ》すること莫《なか》れ、祇《ただ》是れ平常《びょうじょう》なり」ということばが出てきます。「無事」といえば、平穏無事ということばもあり、何も変わったことが起こらなくてホッとするという意味だと思うかもしれませんが、ここでいわれている無事はそういう意味ではありません。ことさらに何かをしな

い、とりたてて何かをしない、すなわち「はからいがない」ということです。

自己が本来の自分であることがもっとも貴いのだから、一切のはからいの心を捨て、ただあるがままでいなさいということです。無為無心で、目の前のものごとに淡々と向き合い、心を込めて、それに丁寧に対処していくのがよろしい。

そこにはからいの気持ちが起きてしまうと、どうしても外に向かって何かを求めたり、人にいいように見られたいと思って、ついつい自分らしくもない無理なことをしてしまいがちになります。

『無門関』に出てくる「平常心是道《びょうじょうしんこれどう》」ということばも、同じような意味です。趙州禅師が師匠である南泉普願禅師に、「如何なるか是れ道」、すなわち、「仏道とはどのようなものですか」とたずねたのに対し、南泉禅師は「平常心是道」、つまり、「日常の行為、ありのままの心がそのまま仏の道だ」と説いたのです。

ことさらに何かをしたり、とりたてて何かをする必要はありません。日々の暮らしのありふれたことを、ただ心を込めて、丁寧に行えばいいのです。

ことさらに
何かをしない。
とりたてて
何かをしない。

はからいの心を捨てて
「無事是れ貴人」の境地で。
日常の行為の大切さを説く
「平常心是道」。

工夫は不要。はからいの心は捨て去る

ことさらに何かをする、とりたてて何かをする。これらはみな、はからいや作為によるものですが、禅ではこれを退けます。あるがまま、そのままの気持ちでものに向き合い、日々の行いに取り組むのがよろしい。

その意味で、「別に工夫なし」ということばは実に奥深いものがあります。

このことばは夢窓疎石《むそうそせき》国師と足利直義《ただよし》（室町幕府を開いた足利尊氏の弟）の問答をまとめた『夢中問答集』という書物に、「別に工夫なし、放下すれば便《すなわ》ち是《ぜ》なり」という形で出てきます。「工夫」には「何かをすること」という意味もあるのですが、ここでは、ことさらに何かをする、とりたてて何かをするという意味です。そんな必要はないと、国師はいいます。

ことさらに禅の修行をするなどと考えてはいけないし、これこそが禅の修行の神髄だというようなものなどもないということです。はからいの心をすべて捨て去ること、それでいいんだというわけです。

この「別に工夫なし」に関して、私には苦い経験があります。一九七五年にフグ中毒で亡くなられた八代目坂東三津五郎さんから、「別無工夫《べつにくふうなし》」の揮毫をお願いされたのですが、なかなか満足のいく字が書けないでいるうちに、三津五郎さんは急逝されました。

私は悔やみました。どうして、すぐに書かなかったのか、と。うまい字を書こうと、要らぬ工夫をしてしまった。出来がよかろうが、悪かろうが、一切はからいなどせずに、素直に書いてお届けすればよかったのです。「別無工夫」という字を、工夫しながら書いたのだからどうしようもありません。以来、このことばは深い反省とともに、私の座右の銘になりました。

あるがまま、
そのままの気持ちで
ものに向き合う。

「別無工夫」という字を、
工夫しながら書く愚行。
はからいの心を
すべて捨て去ることの
難しさ。

信心よりも掃除が大事!?

当たり前のことを、当たり前にすることが、実は一番難しいことです。たとえば、掃除などが、その典型です。

禅には、「一掃除《いちそうじ》、二信心《にしんじん》」ということばがあります。一番大事なことは掃除、信心は二番目という意味ですが、普通に考えれば、宗教の道に生きる人間にとっては、何よりも信心が大切なのではないかと思うはずです。でも、禅では、信心よりも掃除のほうが大事だと教えます。

以前、講演で東京のほうにある高校を訪れたさい、その学校の校長先生が、ぜひ校是にしたいとおっしゃるので、「一掃除、二信心」という字を書いて差し上げたことがあります。もともと、その高校は、登校したらまず最初にトイレ掃除をするという学校で、私の教育方針は間違っていないと確信したと、校長先生はおっしゃっていました。

トイレ掃除は、誰もが嫌がるものです。そういうことを率先してやりなさいと教え続けることで、最初は嫌がっていた子どもたちも、当たり前のこととしてきちんと実践できるようになったそうです。

掃除に関連して、雑巾がけについての本を以前、出しましたが、自分の娘や息子にやらせますというお手紙を読者の方からたくさんいただきました。なんと、尼寺からもそんな手紙が届きました。最近の尼さん修行をしている人たちは、雑巾がけができないのだそうです。

掃除というのは、単に床がきれいになった、庭がきれいになったというだけでなく、自分の心を清らかにするんです。少し大げさないい方をすると、私たちの魂に霊性を呼び覚ましてくれます。たとえば雄大な自然と向き合ったとき、あるいは名画や名曲に触れたとき、思わず「はっ!」と魂を揺さぶられるような感じがしたことがあると思いますが、それが霊性を呼び覚まされたということです。

元の時代に活躍した中峰明本《ちゅうほうみょうほん》という禅師が座右の銘にしたことばとして知られているのが、「常に苕箒《じょうしゅう》を携えて、堂舎の塵を払え」という一節です。苕箒とは、はたきとほうきのことです。それをいつも持っておいて、それでお堂のチリを払いなさいという意味です。お堂のチリを払うということは、つまり心のチリを払うということです。

日々の掃除を怠ることなく続けることで、心のチリが払われ、心が清らかになって、霊性も高まってくる。すると、それまでの日常がありがたいものになってくるし、ささいなことにも感動できるようになってきます。掃除の功徳《くどく》には、計り知れないものがあるのです。

心が清らかになり、
霊性も高まる、
掃除の功徳。

信心よりも掃除のほうが
大事だと教える禅。
当たり前のことを
当たり前にすることは
難しい。

日常生活の当たり前こそ、一大事なり

忙しい、忙しいといっている人をよく見てみれば、あれもしなくては、これもしなくてはと気ばかり焦って、何ひとつ満足にできていません。

そんなに詰め込むことはないんです。あれもこれもと詰め込み過ぎるから、何ひとつ成果が上がらず、結局は自分自身を追い詰めるだけで終わってしまう。

こういう状態を、「無縄自縛《むじょうじばく》」といいます。「自縄自縛」と似たような意味です。縄もないのに、自分で自分を縛っている。忙しい、忙しいとてんてこ舞いの人は、おそらくそんなことではないでしょうか。

大事なことは、いま、目の前にあるものごとにどう取り組むかです。江戸時代の名僧として知られている白隠禅師の師匠で、正受《しょうじゅ》老人という禅僧がいます。その正受老人の教えに、「一日暮らし」というものがあります。

一日暮らしとは、どんなに苦しいことがあっても、今日一日だけの辛抱と思えば耐えることができるし、どんなに楽しいことがあっても、今日一日だけのことと思えば楽しみに溺れることもない。一日一日と思えば退屈することもないし、一日一日を大切にすごすことができれば百年も千年も少しも長くないというものです。

そして最後に、「一大事というのは、今日只今《こんにちただいま》の心である」と結んでいます。

私たちはえてして、普段起きないこと、滅多にないことを一大事だと思いがちですが、そうではないと正受老人はいいます。いま、目の前にあるものごと、日常生活の当たり前のことこそが一大事なのです。

大事なのは、いま、この瞬間を大切にすること。それが、いま、この瞬間を生き切るということです。

目の前にあるものごと。
日常生活の当たり前。
それこそが一大事。

縄もないのに自分で自分を
縛ってはいないか。
「一日暮らし」の精神で
目の前のことに取り組む。

○

明日が来るかどうか、本当はわからない

私たちはついつい、いまやらなくてはいけないことを後に、今日やらなくてはいけないことを明日に延ばしてしまいます。それが延び延びになって、とうとうやらないうちに終わってしまうことも少なくありません。でもね、その明日が来るかどうかなんて、本当はわからないことなんです。

千利休の孫にあたる千宗旦《そうたん》が晩年、隠居するにあたって隠居屋敷を建て、そこに茶室を造りました（相国寺の塔頭のひとつ、慈照院にも「宗旦好みの席」といわれる「頤《い》神室《しんしつ》」という茶室がありますが、これは別）。その席開きのとき、大徳寺の清巌宗渭《せいがんそうい》和尚を招いたのですが、何かの都合で和尚が遅くなった。待てど暮らせどやってこない和尚にしびれを切らした宗旦は、「明日、来てください」

と書き置きを残して出かけてしまった。

遅れてやってきた清巌和尚は、宗旦の書き置きを見て、「懈怠《けたい》の比丘《びく》、明日を期せず」と書いて帰ります。自分は怠けものの坊さんだから、明日来るかどうか期待しないでください、という意味です。

出先から帰ってこれを見た宗旦は、「今日今日といひてその日をくらしぬる　あすのいのちは兎にも角にも」という一首を和尚に献じて、深くわびたということです。その反省を忘れないように、宗旦はこの茶室に「今日庵《こんにちあん》」という名前をつけたといわれています。

私たちは、今日という日をあまりにも漫然と生きているのかもしれません。何の根拠もなく、今日の次に明日、明日の次に明後日が来ると思い込んでいる。だから、今日やるべきことを明日に延ばして、平気でいられる。そんなことを繰り返しているうちに、一生をむなしくすごし、人生の最期を迎える。これほど愚かなことはありません。

今日という日を、とにかくしっかり生き切るほかありません。なぜなら、明日が来るかどうかなんてわからないし、明日が来たら死んでいるかもしれないからです。今日しかない、そう思って生きるほかありません。

お釈迦さまも「一夜賢者の偈《げ》」のなかで、「現在をよく見極め、動じることなく実践せよ。そうして今日一日を精一杯生きよ。心を込めて今日一日を全力で生き切るものを一夜賢者という」とおっしゃっています。さあ、今日できることは、今日のうちに！

明日が来たら
死んでいるかもしれない。
だから、
今日を生き切る。

明日はない、
そう思って生きるしかない。
今日一日を
全力で生き切るものを
「一夜賢者」という。

どんな日であっても、それは「よい日」

みなさんによく知られた禅語に、「日日是好日《にちにちこれこうじつ》」ということばがあります。唐の時代に活躍した雲門文偃《うんもんぶんえん》禅師の残したことばですが、文字通りに解釈すれば、「毎日がよい日である」という意味です。

何だか平凡で、ありふれたことばだと思うかもしれませんが、あの白隠禅師をして、「実に容易ならざる一語である」と賛嘆させたほど、深い意味合いが隠されています。

毎日がよい日、などといい切れる人が、はたしてどれだけいるでしょうか。雨の日もあれば、嵐のときもある。つらい出来事に心が折れた日もあれば、悲しさに涙した日もあるはずです。むしろ、よい日のほうが少ないというか、あっても数えるほどしかないというのが本当のところではないでしょうか。そもそも、人の一生は「苦」であると、お釈迦さまもおっしゃっています。

ですから、「日日是好日」とは、覚悟の問題です。つらい日や苦しい日も、逆境のときやピンチのときも、よい日だと思って暮らせということです。雨が降ったらイヤだなと思うのではなく、それを自然の情趣ととらえればいいし、定年になったら終わりだなと考えるのではなく、それを新しい人生のスタートだと思えばいい。

つらさや逆境は、自分を磨き、成長させてくれる経験だととらえる。そう思えば、たとえどんな日であっても、それはよい日なのです。ただ、おのれの足元を見て、「日日是好日」と思いなして、いまという瞬間、今日という日常を充実させていけばよい。

かの兼好法師も、「吉凶は人によりて、日によらず」といっています。その日が好日であるか、凶日であるかは、日（状況）によって決まるのではなく、その日をどう生きるかという、その人の考え方（心）によって決まるということです。
やはり「日日是好日」は、奥の深いことばです。

つらい日や苦しい日も、
逆境やピンチのときも、
よい日だと思って暮らす。

その日がよい日かどうかは
考え方次第。
「日日是好日」と思えば
今日は充実する。

○

一杯のお茶を楽しむ心のゆとりがほしい

目の前のことに心を込めて丁寧に向き合うといっても、一日中、朝から晩まで気を張っていることはできるものではありません。やはり、一息入れる時間が必要です。そんなときに口にする一杯のお茶は、何ともいえんものがありますな。ホッとするというか、なごむというか……。

禅語に、「喫茶去《きつさこ》」ということばがあります。「さあ、お茶でも飲みましょう」という意味です。唐の時代に名を成した趙州和尚は、教えを求めてやってくる修行僧に、「お前さんは、かつてここに来たことがおありかな?」と、よくたずねたそうです。そして、「はい」と答えたものにも、「いいえ」と答えたものにも、同じように「喫茶去」といって、お茶に誘ったといいます。

いろいろな解釈があるようですが、「口先だけのくだらん議論はなしや。さあ、お茶でも飲もう」、それが趙州和尚のいいたかったことではないでしょうか。「喫茶去」ということばには、真実や本質というものは問答や議論のなかにあるのではなく、お茶を飲むというような、ごくありふれた日常の行為にこそ潜んでいるという言外の意味が込められているのだと思います。

一杯のお茶を楽しむという、心の「ゆとり」がほしいものです。現代人はゆとりを失っているように見えて仕方ありません。このゆとりは、「遊び」といい換えてもいい。遊びといっても、飲んで騒いだりすることではなく、車のハンドルやブレーキペダルの遊びのようなものです。

あるいはそれは、「間」といい換えることもできます。日本人は昔から、人間関係にしろ、芸能や工芸にしろ、この「間」を大切にしてきました。そんなゆとりや遊び、間を、暮らしのなかに取り戻したいものです。そのほうが人間らしく生きられるような気がします。そのためにも何はともあれ、「喫茶去」ですな。

真実や本質は、
お茶を飲むような
日常のなかにある。

目の前のことに心を込めて
丁寧に向き合うなかで、
一杯のお茶に心がなごむ、
ホッとする。

何のためでもない。見返りは求めない

京都府綾部市の奥深い山里に、「るんびに学園」という子どもたちを対象にした施設があります。不登校や引きこもり、虐待、発達障がいなど、さまざまな困難を抱える子どもたちが一緒に暮らしながら、学んでいます。

ある新聞社の知人からお話をうかがい、もう二〇年近く前から援助を続けているのですが、今度、後援会とは別に参与会という応援団のようなものを立ち上げるので、その代表になってほしいといわれています。

先日、うかがってきましたが、イノシシが出る、シカが出る、クマが出るというような土地柄で、まさに自然に恵まれたところです。その山里に、子どもたちの叩く太鼓の音がこだまする。開園当初から続けているという和太鼓ですが、そ

れが上手なんです。実際に目の前で演奏してもらいましたが、二〇人くらいの子どもたちが、きちっと合わせて太鼓を叩く。そういう子どもたちを見ていると、逆にこちらが励まされるというか、学ぶことが多いですな。

このるんびに学園に限らず、あちこちの福祉関連施設や団体でお手伝いや援助のようなことをしていますが、何のためにといわれても、「何のためでもない」と答えるしかありません。はつらつとした子どもたちや、一生懸命に指導にあたる先生たちを見ていると、自然と応援しようという気になるんですわ。

インドから中国にやってきて禅を開いた達磨大師に、梁《りょう》の武帝はこうたずねました。「私はたくさんの寺を建て、たくさんのお坊さんにお布施をしました。いったい、自分にはどんな功徳があるのでしょうか？」、と。

それに対して達磨大師はたったひとこと、「無功徳」。功徳などない、と答えます。寄進や布施が何らかの功徳を得ることを目的になされるのなら、それは間違っている。何の見返りも求めないことこそが功徳だということです。

定年になったり、ある程度、時間的に余裕ができたりした方で、ボランティアをしようという人が少なくありません。それまで社会人として培った技術や見識を、ただ眠らせてしまうのはもったいない。ボランティアでも何でもして、ぜひ活かしてほしいものです。

どこかに困っている人がいたら同じ人間として黙って見ていられない、何かお手伝いしたいという気持ちが、人をボランティアに向かわせるのだと思いますが、それによって何か見返りを求めるということなら、それはボランティアの精神にそぐいません。

時間に余裕があるなら、
大いにボランティアを。
でも見返りは求めない。

困難を抱えた
子どもたちの
がんばりを応援する。
何のためでもない。
無功徳でいい。

先が丸くなったキリとして柳のようにしなやかに生きる

若いときには、やはり鋭い人がもてます。快刀乱麻《かいとうらんま》を断つがごとく、込み入った問題やもつれた事態をスパッ、スパッと解決していく手際に、人は感心する。話をさせれば、まさに立て板に水のごとし。立ち居振る舞いにもスキがない。先の尖《とが》ったキリのようなものです。

しかし、歳をとってから、鋭さを前面に押し出したような人は、どちらかといえば敬遠されがちではないでしょうか。むしろ世間は、それなりの経験を重ねた人に対しては、深みとか、渋さとか、そういったものを期待する。

指先で触れただけで血が出てくるような鋭利なキリよりも、多少先の丸まった鈍いキリのほうが、人に安心感を与えるというか、おもしろみがある。それが年の功というものかもしれません。

禅語に、「閑古錐《かんこすい》」ということばがあります。「閑」とはヒマという意味もありますが、ここでは「のどか」とか、「おだやか」という意味で使われています。「古錐」とは、使い古されて先が丸くなってしまったキリのことです。キリ本来の働きからいったら先が鋭く尖っていたほうがいいのでしょうが、先が鋭過ぎると、ときとして人も、自分も傷つけてしまいます。その点、先が丸くなったキリなら安心ですな。

円熟の境地に達した老僧のことを、「老古錐《ろうこすい》」ということもあります。若い僧が持っているような鋭さはありませんが、何ともいえぬ深さがあります。それが、ありがたさやかたじけなさにつながる。

社会の第一線で働いていたときは、先の尖ったキリのようであることを求められたかもしれませんが、定年後の新しい人生では、先が丸くなったキリのほうが味があって、人からも愛されるのではないでしょうか。

「柳に雪折れなし」ということばがあります。一見すると、なよっとしていて、強さとか、たくましさといったものと無縁のように思われている柳ですが、それが案外、強い。どんなに雪が降り積もろうが、折れることがない。固くて力強く見える大木ほど、雪や風でポキッと折れたり、根こそぎ倒れたりする。

江戸時代後期に博多を中心に活躍した仙厓義梵禅師は、ときにひょうひょう、ときに型破りでありながら、実に含蓄にあふれた禅画や書を数多く残した人ですが、そのなかに強風にあおられる柳を描いたものがあります。そこに添えられている一句が、「気に入らぬ風もあろうに柳かな」。激しい風が吹こうが、迷惑な風が吹こうが、文句ひとついわず、それらを全部受け流して、そこに平然とたたずんでいる。仙厓禅師は、その柳のしなやかな姿に、本当の強さといったものを感じたのだと思います。

いま求められているのは、見せかけの強さにしがみつくことではなく、柳のようにしなやかに生きることではないでしょうか。

深み、渋さ、
おもしろみ、
それこそが年の功。
強さにしがみつかない。

先が丸くなった
キリのほうが
人から愛される。
気に入らぬ風が
吹いてきたら受け流せ。

山あり谷ありの人生をしっかり生き切る

禅は体験の宗教とよくいわれますが、この体験とは、行動することを指しています。行動することが何より大切だと教えるのです。しかし、禅者に限らず、みなさんにとっても、動くことは大切なことです。

捨てるということは、より充実した人生に向けて一歩を踏み出すことですし、転じるということは、逆境を乗り越えるために考え方や行動を変えることです。主人公として生きるということは、ものごとに主体的にかかわっていくということですし、丁寧に生きるためには、自らを働かせなければなりません。これらはすべて、動くことにつながります。

仏教では、よく「諸行無常《しょぎょうむじょう》」といわれます。すべてのものごとで、およそ常なる（変わらない）ものはないということです。人もまた同じです。本来無一物として裸で生まれ、本来無一物として裸で死んでいく人間にとって、日常とは変化の繰り返しにほかなりません。動くということは、変わるということです。

禅語を集めた『禅林句集』に、「ただ渓回《たにめぐ》り路《みち》転ずるを見て、知らず身の桃源に在ることを」ということばがあります。ひたすら歩いて（動いて）いるうちに、いつの間にか桃源郷にたどり着いている。しかし、そのことすらも意識にないということです。

たとえ、いまが苦しくても、歩みを止めてはいけない、動くことをやめてはいけない。歩き続けること、動き続けることです。ときにそれは退屈で、平凡な日々かもしれません。しかし、その日々をしっかりと生き切ることによって、人はいつしか桃源郷に立っている自分に気づくはずです。

禅の代表的な公案集のひとつである『無門関』に、こんな偈があります。

「春に百花有り、秋に月有り、夏に涼風有り、冬に雪有り。若《も》し閑時《かんじ》の心頭《しんとう》に掛くる無くんば、便ち是れ人間の好時節《こうじせつ》」

「閑時」とは、閑《ひま》なときというより、そんなときにわれわれの心に雲霞のごとく湧き立つ、さまざまな雑念や欲、執着や煩悩のことです。そんなつまらぬことに心を奪われることさえなければ、いついかなるときでも、人間にとってはよい時節であるということです。

つらく、苦しいときこそ、そこから逃げることなく、日常をしっかりと生き切る。人生に山や谷があることは、当たり前です。それを受け止めることができれば、すべては「人間の好時節」になるのです。

いまが苦しくても、
歩みを止めてはいけない。
動くことを
やめてはいけない。

動くことは誰にとっても
大切なこと。
山あり、谷ありの人生を
しっかりと生き切る。

有馬頼底
（ありま・らいてい）

一九三三年、東京生まれ。臨済宗相国寺派第七代管長。鹿苑寺（金閣寺）、慈照寺（銀閣寺）の住職も兼任。京都仏教会理事長。八歳で大分県日田市の岳林寺にて得度。京都相国寺の専門道場に入門、修行。現代日本の仏教界を代表する禅僧。久留米藩主有馬家の子孫に当たる。『金閣寺・銀閣寺の住職が教える　人生は引き算で豊かになる』（文響社）、『「臨済録」を読む』（講談社現代新書）、『「雑巾がけ」から始まる禅が教えるほんものの生活力』（集英社）、『禅、「持たない」生き方』（知的生きかた文庫）、『やさしい茶席の禅語』（世界文化社）、『力を抜いて生きる』（講談社）他著書多数。

60歳からヘタれない生き方
人は裸で生まれ、裸で死んでいく

2018年1月25日　第1刷発行

著　者　有馬頼底
発行人　見城 徹
編集人　福島広司

発行所　株式会社 幻冬舎
〒151-0051　東京都渋谷区千駄ヶ谷4-9-7
電話　03(5411)6211(編集)
03(5411)6222(営業)
振替　00120-8-767643
印刷・製本所　株式会社 光邦

検印廃止

ISBN978-4-344-03249-1　C0095
幻冬舎ホームページアドレス　http://www.gentosha.co.jp/

この本に関するご意見・ご感想をメールでお寄せいただく場合は、
comment@gentosha.co.jpまで。